의지력 SOS

이중석 지음

Simulation–Observation–Selection

WILLPOWER

반드시 성공하는 금연, 다이어트 비법

순수와탐구

책은 저자의 오랜 고뇌와 수고의 산물이지만, 세상에 나오는 순간
저자로부터 독립하여 책 스스로의 가치와 효용만으로 평자와 독자
의 시선 앞에 홀로 놓일 뿐이라고 한다. 그래서 저자와 책의 관계를
알고, 이 책이 어떤 사람이 무슨 내용을 담은 것인지를 밝히는 일은
추천자의 몫이겠다. 이제 막 세상으로 나서는 책을 미리 보는 영광
과 두려움으로 탈고된 원고를 읽었다.

올해로 꼭 30년이 되었다. 지금과 다르지 않은 혼돈이 자욱하던
1986년 3월, 대학에 입학하여 같은 학과 신입생으로 이중석을 처음
만났다. 같이 지방에서 상경한 터라 자주 어울렸고, 석사과정 같은
연구실에서, 같은 하숙집에서 젊은 날을 함께했고, 사회에 나와 저
자가 지금까지 대형 회계법인 회계사로, 벤처캐피털 투자책임자로,
회사의 CEO로, 박사과정 연구자로 살아온 삶의 궤적을 지켜봐왔다.
나는 저자가 어떤 동기로 어떤 내용의 책을 세상에 내놓으려고 하는
지 살펴보기 전에, 한 가지는 분명히 확신할 수 있다. 학창 시절부터
탁월한 준재였지만 세상에 나서기를 원하지 않았고 매사에 신중한
그가 생애 첫 저작인 이 책을 쓰면서 '책의 가치와 효용' '독자에 대
한 책임'을 수없이 되뇌며 숱한 밤을 바쳐 내용과 글귀를 벼르고 다
듬었으리라는 점이다. 내가 이 책의 추천을 주저하지 않고 자랑스럽

게 여기는 이유이다.

이 책은 '있거나 강하면 좋고 없거나 약하면 나쁘다'는 정도로 인식되어온 '의지력'이라는 주제를 전혀 새로운 관점에서 흥미롭게 파헤친다. 저자는 심리학, 뇌과학, 의학, 경제학, 문학, 역사 등을 두루 섭렵하는 다양한 에피소드를 통해 의지력에 대한 우리의 부족하고 잘못된 인식과 의지력의 본질, 그리고 의지력이 인간의 삶을 결정하고 미래를 설계하는 데 어떻게 중요한 영향을 미치는가 하는 문제를 진중하게 풀어나간다.

문제에 관한 논의는 해답의 가능성을 제시할 때 비로소 가치와 효용이 있다고 믿는다. 『의지력 SOS』는 저자가 분석한 의지력의 본질에 기초하여 의지력을 기르는 방안까지 구체적으로 제시한다. 문제적 상황과 그 대응에 대한 가상의 판단Simulation, 실제 상황에 대한 관찰Observation, 가상의 판단과 관찰을 통해 마련된 대안들 중의 선택Selection이 환상형 고리로 순환, 반복하는 'SOS 모형'이다. 저자가 언급한 바와 같이 이 모형 자체가 의지력 연습에 관한 완전히 새로운 개념은 아니다. 그러나 이 책은 실패를 거듭하는 박약한 의지의 실존적 인간에 대한 현실적 이해와 공감에 기초하여, 멀리 내다보며 포기하지 않고 SOSSimulation-Observation-Selection를 거듭한다면 의지력을 향상시켜 원하는 방향으로 스스로의 삶을 이끌 수 있다는 믿음을 심어주고, 기존의 것보다 훨씬 수월하고 유효한 방안을 제시한다. 내가 이 책의 가치와 효용을 수긍하는 이유이다.

독자는 이 책의 행간 곳곳에서 '사람은 세계를 인지하고 스스로 사고하여 자유의지로 삶의 방향을 선택하고 추동할 수 있는 의지적 존재'이고 '끊임없이 성찰하며 노력하면 자신이 그러한 존재임을 입증할 수 있다'는 긍정적 확신을 발견할 수 있을 것이다. 이는, 적어도 내가 아는 한, 지금까지 저자가 자신의 삶을 지탱해온 중요한 명제임이 분명하다. 사람에 대한 오랜 믿음을 그의 책을 통해 발견하는 것은 친구로서 책을 읽는 나의 즐거움이지만, 독자들과도 함께 나눌 수 있기를 바란다.

— 조현덕(김&장 법률사무소 변호사, 경영학 박사)

개인의 삶이나 조직생활에서 미래를 준비하고 변화를 시도하는 노력은 누구에게나 꼭 필요하다. 하지만 대부분의 사람들은 원인도 모른 채 막연히 자신의 박약한 의지력만 탓하면서 실패를 거듭한다. 이 책은 인간의 의지력에 관한 과학적 원리를 설명함과 동시에, 실천에 옮길 수 있는 행동 지침까지 제안한다. 누구나 책에서 제시한 SOS 모형을 활용해 의지력을 강화할 수 있다는 저자의 주장은 변화 앞에 좌절하는 많은 이들에게 강력한 해답을 보여줄 것이다.

— 이동현(가톨릭대학교 경영학과 교수)

지난 세대는 '하면 된다'의 시대였다. 다 같이 못살고 못 먹던 시절, 의지력은 성공과 실패를 가르는 유일한 변수였다. 과거에 비해 한층 풍요로워진 요즘, 오히려 '하면 된다' 대신 '아무리 해도 안 된다'는 절망이 더 지배적이니 아이러니하다. 금연, 다이어트 등 소소한 일상부터 시험, 직장 등 인생이 걸린 문제까지 삶은 의지력 테스트의 연속이다. 의지력은 타고나는 것일까, 훈련과 경험을 통해 길러지는 것일까? 이 책은 전통 심리학부터 최신 뇌과학에 이르는 광범위한 탐구를 통해 의지력의 실체와 본질을 밝히고, 의지력을 강화하는 비결을 알려준다. 자신의 의지박약에 좌절하며 '나는 왜 이 모양일까' 한탄하는 사람들에게 꼭 권하고 싶은 책이다.

— 채경옥(한국여기자협회 회장, 매일경제신문 기자)

Simulation
Observation
Selection

Simulation
Observation
Selection

의지력을 생각하다

혹시 당신은 금연에 성공해서 건강한 삶을 누리고 싶은가? 또는 다이어트에 성공해서 건강한 몸을 유지하고 싶은가? 아니면 오랫동안 몸에 밴 나쁜 습관에서 그만 벗어나고 싶은가? 그렇다면 이 책은 당신을 위한 책이다. 이 책은 당신이 고민해온 주제, 바로 의지력에 대한 이야기다.

이 책을 쓰게 된 계기는 지금으로부터 10년 전으로 거슬러올라간다. 마흔 살이 되던 새해 아침, 나는 담배를 끊겠다는 굳은 결심을 하고 금연에 돌입했다. 그러나 금연은 엄청나게 고통스러운 과정이었고, 쉽게 담배를 끊을 수 있으리라 자신했던 무모함은 어느새 물거품이 되었다. 금연하는 내내 온통 담배를 피우고 싶다는 생각에 휩싸여 괴로웠고, 참고 참다가 도저히 견디지 못해 결국 다시 담배를 물곤 했던 것이다. 그런데 막상 담배를 한 모금 피우고 나면 이까짓 게 뭐라고 내가 그렇게 안달복달했나 하는 허망함이 몰려왔다. 당시 내가 사용하던 노트에는 의지박약을 부끄러워하는 자기 고백과 흡연 후에 어김없이 찾아오는 허망함을 토로한 기록이 휘갈긴 글씨로 넘쳐났다.

그런데 신기하게도 노트에 이런 금연과 재흡연 과정에 대한 감상을 몇 차례 반복해 기록하던 어느 날 나는 더 이상 담배를 피우지 않게 되었다. 담배를 피우려다가 문득 '한 모금만 들이켜도 그 허망함이 다시 찾아올 텐데 꼭 피워야겠니?'라는 생각이 머리를 스쳤고, 그 이후부터는 스스로 놀랄 정도로 흡연 욕구를 쉽게 참을 수 있었다. 마침내 담배를 끊게 된 것이다.

담배를 끊은 지 1년쯤 뒤에는 우연한 계기로 다이어트를 시작하게 되었다. 정확한 날짜를 기억하진 못해도 그날의 상황은 여전히 생생하다. 저녁 회식에서 음식을 잔뜩 먹은 나는 허리띠가 너무 조이는 것 같아 조금 느슨하게 풀고 차를 운전해서 집으로 돌아왔다. 집에 도착해 차에서 내리려고 옷매무새를 고치는데 '배가 나와 허리띠를 풀고 운전할 만큼 내 몸이 망가졌나' 하는 생각이 들었다. 괜스레 처량한 마음에 갑자기 눈물이 핑 돌았다. 그리고 그 순간부터 살을 빼겠다고 결심하고 다이어트를 시작했다.

다이어트는 금연에 비해 몇 배로 더 힘든 자기 절제를 요했다. 흡연 욕구와 달리, 우리는 생존을 위해 음식을 먹어야 하므로 식욕에서 완전히 벗어날 수 없다. 식욕은 흡연 욕구보다 더 근원적이며 강력한 본능이다. 아무리 식욕을 억누르려고 해도 눌린 풍선처럼 금방 다시 부풀어올랐다. 더욱 불행하게도, 지친 마음은 '될 대로 돼라'는 자포자기로 번져 더 심한 식탐으로 이어지곤 했다.

의지력을 발휘하는 과정에서 내적 욕구를 억제하는 것은 결코 올바른 해결책이 아니었다. 그렇다면 다른 방법은 없을까? 나는 단순히 욕구를 통제하는 방법을 넘어 '의지력을 성공적으로 발휘하도록 이끄는 본질은 무엇일까?'라는 화두를 붙들고 고민하기 시작했다. 과거에 어떤 이유로 금연에 성공할 수 있었는지를 반추해보기도 하고, 다이어트를 하면서 새롭게 느낀 점도 숙고해보았다. 그 과정에서 수많은 뇌과학 및 심리학 서적을 읽으며 오랜 기간에 걸쳐 의지력의 본질을 파고들었다. 이런 탐구의 산물이 바로 『의지력 SOS』다.

여기서는 자신의 욕구를 다스리고자 하는 강박이 왜 실패할 수밖에 없는지, 나아가 의지력의 본질은 무엇이고 그것으로 어떻게 우리가 원하는 목표를 이룰 수 있는지 제시하고자 한다. 우리는 흔히 의지력을 그저 '꿋꿋하게 견디는 힘' 정도라고 생각한다. 그러나 의지력은 그 이상의 심오한 주제이다. 한편 우리는 의지력을 타고난 자질이라고 여긴다. 그러나 의지력은 아무런 노력 없이 얻을 수 있는 타고난 자질이 아니다. 의지력은 수십만 년에 걸쳐 우리 의식이 진화하면서 길러온 훈련의 산물이다. 따라서 의지력의 본질은 의식 진화의 두 가지 키워드인 '관찰'과 '시뮬레이션'에서 찾아야 한다.

그에 따라 이 책에서는 의지력의 본질로서 내적 욕구라는 무의식의 발화를 인지하는 관찰과 무의식의 발화에 대응하는 행동 대안을 사전에 사고실험하는 시뮬레이션이 무엇인지 살펴볼 것이다. 그리고 구체적인 의지력 향상 기법으로 SOSSimulation-Observation-Selection 모형을 제안할 것이다. 또한 이 모형을 금연과 다이어트라는 특정한 상황에서 어떻게 활용할 수 있는지도 안내할 것이다. SOS 모형은 단순한 테크닉이 아니라 의지력 향상을 위한 근본 원리이다. 이 원리를 충분히 이해하면 독자 여러분도 금연과 다이어트 또는 다른 자기 절제 상황에서 각자 자신에게 맞게 응용하여 원하는 목표에 다가갈 수 있을 것이다.

최근 들어 의지력이란 주제는 개인적인 담론 수준을 벗어나 최신 뇌과학과 심리학의 주된 연구 분야로 자리 잡아가고 있다. 뇌과학자들은 fMRI와 같은 첨단 장비를 활용하여 우리 뇌의 어떤 영역에서 의지력이 비롯되는지, 우리 뇌가 어떤 방식으로 의지력을 구현하는지를 연구하고 있으며, 심리학자들은 다양한 실험을 통해 의지력의 본질을 탐구하고 있다. 이 책을 쓰면서 많은 뇌과학, 심리학, 진화론 서적의 도움을 받았다. 오랜 시간 고심해온 사색의 결론이 다른 책에서 과학적 근거와 사례로 입증되거나, 대가들의 통찰로 재확인되는 경험은 큰 기쁨이었다. 이 책의 내용은 그러한 과학적 근거들을 바탕으로 했다. 다른 문헌에서 일정 내용을 참고하거나 인용한 경우에는 미주로 해당 문헌과 페이지를 밝혔다.

마지막으로 『의지력 SOS』가 독자 여러분의 의지력 향상에 조금이나마 도움이 되기를 기원한다. 이 책이 의지력 향상을 반드시 보장하지는 못할 것이다. 그러나 여기서 설명하는 의지력의 본질을 이해하고 SOS 모형에 따라 꾸준히 실천한다면, 분명히 의지력 향상에 성공할 수 있다. 우리는 아는 만큼 생각하고, 생각한 만큼 변화할 수 있다. 그럼 지금부터 의지력의 본질을 찾아가는 흥미진진한 여정을 시작해보자.

2017년 1월

이중석

1장

우리는 의지력을 제대로 알고 있을까?

마시멜로 테스트

1960년대에 미국 스탠퍼드 대학교의 월터 미셸 박사는 대학 부설 빙 유아원에서 단순하지만 통찰력 있는 의지력 실험을 실시했다. '마시멜로 테스트'라고 불리는 실험 내용은 다음과 같았다.[1]

먼저 어린이들은 마시멜로, 쿠키 같은 여러 과자 중에서 가장 먹고 싶은 것을 고른다. 실험은 각자 선택한 과자를 가지고 진행된다. 어떤 아이가 마시멜로를 선택했다고 치자.

이제 아이는 연구원으로부터 이런 지시 사항을 전달받는다. 연구원이 자리를 뜬 후 마시멜로를 먹고 싶어지면 언제든 종을 울리면 되는 것이다. 그러면 연구원이 곧바로 돌아오고, 아이는 즉시 마시멜로를 먹을 수 있다. 그러나 15분 뒤에 연구원이 돌아올 때까지 참고 기다린다면, 아이는 두 개의 마시멜로를 얻게 된다.

비록 우리가 마시멜로를 앞에 두고 고민하는 빙 유아원의 어린이는 아니지만, 우리 삶은 본질적으로 마시멜로 테스트와 비슷하다. 우리는 '지금 당장의 만족'과 '유예된 더 큰 보상' 사이에서 끊임없이 갈등한다.

당장의 흡연 욕구를 참고 담배를 끊으면 미래에 건강한 삶을 영위할 수 있다. 당장의 식탐을 줄이고 적게 먹으면 장수할 수 있다는 것은 여러 연구 결과가 뒷받침하는 사실이다. 그러나 지금 당장의 만족이라는 유혹은 번번이 우리 눈을 멀게 한다.

인생의 마시멜로 테스트에서 당신은 마시멜로 두 개를 얻기 위해 기다릴 텐가, 아니면 당장 종을 울리고 달콤한 마시멜로 한 개를 바로 먹고 말 텐가?

의지력 없이는 성공도 없다

　노력이 뒤따르지 않는 타고난 재능은 잠깐의 행운에 그친다. 재능을 타고난 행운아는 스타팅블록의 도움을 받아 인생의 출발선에서 조금 앞서 나갈 수 있다. 그러나 장거리경주에서는 빠른 스타트만으론 부족하다. 그만 멈춰 서서 쉬고 싶은 욕구를 참아내며 꾸준히 목표를 향해 전진하는 지구력이 필요하다.

　물론 살아가면서 예기치 않게 운이 따를 때도 있다. 꼭 로또 당첨 같은 커다란 횡재를 가리키는 것은 아니다. 자신이 노력한 이상으로 얻은 초과 성과도 모두 일종의 행운이다. 그러나 행운의 여신은 우리 곁을 잠시 스쳐갈 뿐이다. 그 성과는 원래 자기 것이 아니다. 노력에 합당하거나 혹은 이런저런 이유로 인해 노력보다 조금 모자란 성과가 진정한 자기 것이다.

따라서 의지력은 우리 인생에서 매우 중요하고 필수적인 덕목 중 하나이다. 성공적인 삶을 위해서는 타고난 재능, 일시적 행운만으론 한계가 있다. 주변을 돌아보라. 만족스러운 학업 성취부터 건강하고 성공적인 직장생활, 안정적인 사업 운영에 이르기까지 어느 하나 당장의 즐거움 대신 미래의 더 나은 삶을 향유하려는 의지력 없이는 불가능하다. 의지력이 반드시 성공을 보장하지는 않지만, 의지력 없이는 성공도 없다.

의지력이 부족하다면 세속적 의미의 성공까지 논할 것 없이 건강하고 안정적인 삶을 꾸려가는 일조차 쉽지 않다. 평범한 사회 구성원이 되는 일도 학교나 직장 등에서 요구하는 최소한의 규율을 준수할 때 가능하다. 편안한 가정생활 역시 가족 구성원들의 최소한의 자기 절제 없이는 불가능하다.

1,000명에 달하는 뉴질랜드 아이들을 대상으로 출생 후부터 32세까지 장기간에 걸쳐 실행한 의지력 연구 결과는 많은 것을 시사한다. 자기 절제력이 뛰어난 아이는 비만율과 성병 감염률이 낮고 치아 역시 튼튼한 어른으로 성장했다. 반면 자

기 절제가 부족한 아이는 커서도 알코올이나 마약에 빠지기 쉽고, 상대적으로 보수가 적고 저축률도 낮아 가난해지기 쉬운 것으로 드러났다. 심지어 감옥에 갈 확률도 높았다. 자기 절제력 수준이 가장 높은 집단의 아이 중 12퍼센트만이 유죄 판결을 받은 반면, 자기 절제력이 가장 낮은 집단의 경우 40퍼센트 이상이 유죄 판결을 받았다.[2]

마시멜로 테스트에서 더 오래 기다릴 수 있었던 어린이들은 어떻게 성장했을까? 이들은 약 12년 후 청소년이 되었을 때 더 큰 자제력을 발휘하고 유혹에 덜 굴복하며 더 강한 집중력을 보여주었다. 미리 생각하고 더 철저하게 계획하며, 동기를 부여받으면 목표를 더 열심히 추구했다. 만족 지연에 성공한 아이들은 객관적 평가에서도 뚜렷하게 두각을 드러냈다. 반대 집단의 아이들보다 전반적으로 훨씬 더 높은 SAT(미국 대학입학자격시험) 점수를 받은 것이다. 만족 지연 능력에서 각각 상위 및 하위 3분의 1에 해당하는 두 집단 간의 SAT 점수 차이는 무려 210점에 달했다.[3]

의지력에 접근하는 잘못된 세 가지 길

인생에서 의지력이 차지하는 중요성에 비해 정작 우리는 의지력을 제대로 알지 못한다. 누가 당신에게 의지력이 무엇인지 물어보았다고 생각해보자. '인내하는 힘'이라는 답이 떠오르는가? 틀린 말은 아니지만, 무언가 부족하다고 느낄 것이다.

사실 부족한 것은 당신의 설명만이 아니다. 국립국어원 표준국어대사전에 따르면 의지력이란 "어떠한 일을 이루고자 하는 마음을 꿋꿋하게 지켜나가는 힘"이다. 왠지 더 거창해 보이지만 실은 당신이 생각하는 답변과 똑같은 말이다. 이런 정의에는 아무런 감흥이 없으며, 우리는 여기서 의지력의 본질에 대해 어떤 통찰도 얻을 수 없다.

사전적 의미보다 좀 더 세련되게 의지력을 설명하는 개념은 '만족 지연 능력'이다. 의지력이란 단순히 '꿋꿋하게 지켜나가는 힘'이 아니라 미래의 더 큰 보상을 위해 현재의 만족을 미룰 수 있는 능력이다. **마음의 꿋꿋한 정도는 이 만족 지연 능력에 따라 결정된다.**

다시 빙 유아원으로 돌아가, 마시멜로를 먹지 않고 기다린 어린이들을 떠올려보자. 이 어린이들은 '마시멜로 두 개'라는 미래의 더 큰 보상을 위해 지금 당장 '마시멜로 한 개'가 주는 달콤함의 유혹을 참았을 것이다. 이들은 만족을 지연할 수 있었던 셈이다.

만족 지연 능력을 보다 정교하게 수학적 개념으로 설명할 수도 있다. 노벨상을 받은 저명한 경제학자 폴 새뮤얼슨이 제시한 '할인 효용' 모델을 살펴보자. 새뮤얼슨은 '할인율'이라는 개념으로 사람들이 미래의 가치를 현재 기준으로 어떻게 평가하는지 설명하고자 했다.[4] 우리가 지금 의지력을 발휘한다면 보상은 미래에 주어진다. 따라서 우리는 미래의 보상을 지금 당장의 만족과 비교하기 위해 그 가치를 현시점 기준으로 환산해야 한다. 미래 100원의 가치는 지금 내 주머니에 들어 있는 100원의 가치보다 낮게 마련이다. 그러므로 미래의 가치를 현시점을 기준으로 재평가하면 반드시 할인 과정을 거치게 된다. 이때 바로 할인율이 적용된다.

할인율은 주관적이므로 사람마다 서로 다르다. 이를테면 당신이 생각하는 할인율이 친구의 할인율보다 높다고 가정해보자. 이 경우에 당신이 평가한 마시멜로 두 개의 현재 가치는 친구가 평가한 현재 가치보다 더 낮을 것이다. 그렇다면 당신은 친구보다 만족 지연 능력에서 뒤질 가능성이 크다.

심지어 당신이 평가한 마시멜로 두 개의 현재 가치가 지금 당장 먹을 수 있는 마시멜로 한 개의 가치보다 낮다면 어떻게 될까? 아마도 당신은 서슴없이 종을 울리고 마시멜로 한 개를 바로 먹고 말 것이다. 물론 이는 잘못이 아니다. 단지 당신의 할인율이 높은 것일 뿐이다.

우리의 할인율이 대체로 높은 경향을 보인다는, 다소 위안이 되는 연구 결과도 있다. 미래 보너스를 포기하는 대신 즉각 보상을 받는 한 실험에서 참가자들이 보인 할인율은 36~122퍼센트에 달했으며, 재무를 전공한 학생들조차 최대 60퍼센트의 할인율을 기록했다.[5] 당신만 할인율이 높은 게 아니었다!

그러나 일견 세련되고 정교해 보이는 '만족 지연 능력'과 '할인율' 개념으로도 여전히 의지력의 본질을 설명하지는 못한다. 누가 당신의 만족 지연 능력이 높다거나 할인율이 낮다고 평가한다면, 당신이 의지가 강한 사람이라는 말을 다르게 표현한 것에 불과하다. 당신의 의지력이 강한 이유가 무엇인지, 그것이 어떤 과정을 통해 발휘되는지에 대해서는 알려주는 바가 전혀 없다.

의지력은 뇌의 물리적 활동

의지력은 우리에게 친숙한 주제이다. 지금 이 순간에도 수
많은 사람이 자신의 나약한 의지력을 탓하며 고민하고, 의지
력을 키우기 위해 노력한다. 그럼에도 불구하고 대부분의 사
람들은 의지력의 본질과 동떨어진 채 헛된 노력만 반복하고
있다. 왜 의지력에 대한 우리의 답변은 항상 부족하거나 같은
곳만 맴돌까?

바로 우리가 의지력에 잘못된 방향에서 접근하기 때문이다.
당연한 말이지만, 우리는 의지력을 볼 수도 없고 만질 수도 없
다. 우리에게 의지력이란 마음속에 존재하는 그 무엇이다. 따

라서 우리는 의지력을 추상적인 관념으로 생각하는 데 익숙하다. 바로 여기에서 문제가 생기는 것이다. 의지력을 추상적인 관념으로 파악하면 본질에 접근하기보다 피상적 이해에 머무르기 쉽다.

영화 〈이미테이션 게임〉의 실제 주인공 앨런 튜링은 뉴턴, 다윈에 견줄 만큼 위대한 과학자이며 현대 컴퓨터 과학의 대부라고 평가받는다. 튜링은 '어떻게 정신이 물리적 상호작용으로부터 야기될까?'라는 미스터리를 계산이라는 '해결 가능한 문제'로 바꾸어놓았으며, 그의 생각은 오늘날 '정신의 계산 이론computational theory of mind, CTM'이라는 통찰과 연결된다. 이 이론에 따르면 추상적이고 관념으로만 존재하는 정신세계란 없다. 우리의 모든 정신은 뇌에서 뉴런이 스파크를 일으키며 발화한 물리적 활동의 결과이다. 그리고 뉴런의 발화 과정은 본질적으로 오늘날 컴퓨터가 수행하는 계산 과정과 동일하다.[6] 튜링의 통찰에 따르면, 너무 삭막하게 느껴지겠지만, 사랑도 본질적으로는 우리 안에 내재된 숭고한 감정이 아니라 뇌라는 기계가 물리적 활동으로 산출해낸 계산 결과이다. 의지력도 마찬가지다. 의지력 또한 단순히 '굳센 마음' 같은 관념이 아니라 우리 뇌가 계산하여 내놓은 실체이다.

이러한 통찰은 우리에게 많은 것을 시사한다. 지금까지 마음을 다잡으려 시도했던 온갖 추상적인 노력들이 별 소용이 없었다면, 완전히 다른 식으로 접근해보는 편이 낫지 않을까? 관념만으로는 의지력의 본질에 다가가기 어렵다는 사실을 그만 인정하고 말이다. 우리는 의지력을 뇌 뉴런의 활동으로 바라보아야 한다. 우리는 의지력을 더욱 근본적인 원인과 과정으로 환원하여 생각해야 한다. 의지력이라는 주제에 뇌과학과 심리학 등의 도움이 필요한 것도 이 때문이다. 그렇다고 너무 심각해질 필요는 없다. 우리에게 필요한 것은 뇌과학과 심리학의 전문 지식 자체가 아니라 그런 지식에서 얻는 통찰이기 때문이다. 그럼 지금부터 새로운 시각으로 의지력의 본질이 무엇인지 살펴보자.

2장

실패는 예정되어 있었다

'통제 강박'이라는 덫

우리는 흔히 내적 욕구를 참아야만 의지력을 발휘할 수 있다고 생각한다. 금연을 실천 중인 사람을 생각해보자. 그는 온종일 담배 생각만 한다. 그에게 주어진 가장 어렵고 중요한 과제는 끊임없이 떠오르는 담배 생각을 '참는' 것이다. 다이어트도 마찬가지다. 다이어트로 허기진 사람의 머릿속에는 온통 맛있는 음식 생각뿐이다. 저녁 시간 TV에서 쏟아지는 '먹방' 프로그램은 음식에 대한 갈망을 더욱 부채질한다. 그러나 살을 빼려면 이러한 식욕을 '참아야' 한다.

내적 욕구를 '참는다'는 것은 '인내한다' '억제한다' '제어한다' '절제한다' '통제한다' 등과 같은 말이다. 지금부터 이런 노력을 대표하여 '통제'라고 부르자. 우리가 자신의 욕구를 통제한다는 생각, 스스로 욕구를 통제할 수 있다는 생각은 일견 당연해 보인다. 담배를 피우고 싶은 욕구가 흡연이라는 결과를, 지나친 식욕이 비만이라는 결과를 가져왔으니, 그 원인인 '욕구'를 억제하면 결과가 달라지지 않겠는가?

그리하여 우리는 내적 욕구를 '통제'하기 위해 노력한다. 그리고 보통은 자신의 생각과 행동을 적절히 통제하고 있다고 확신한다. 자신의 정신과 육체를 스스로 통제할 수 없다면, 그 상태는 정상이 아니라고 믿는다. 통제력을 상실했다고 느끼면 인간은 무기력해지고 불행해진다. 실제로 자기 몸과 마음을 통제하고 있느냐와 상관없이, 그렇게 하고 있다는 실감이 반드시 필요하다. 그래서 우리는 이러한 통제력을 지극히 당연한 것으로 받아들인다.

때로는 통제하고자 하는 욕구가 너무나 강력해서, 우리가 통제할 수 없는 것조차 통제하는 것처럼 행동하기도 한다. 하버드 대학교 심리학과의 대니얼 길버트 교수의 연구에 따르면 "사람들은 복권 숫자를 자신이 정할 때 더욱 당첨 확률이 높다고 믿으며, 주사위 게임에서도 자신이 직접 주사위를 던질 때

이길 확률이 더 높다고 생각한다". 통제력은 우리의 행복에도 영향을 미친다. 자신의 통제력을 과대평가하지 않고 냉정하게 바라보는 사람은 오히려 우울할 수 있다. 이런 연구 결과를 바탕으로 심리적 통제감을 정신 건강의 중요한 원천으로 보기도 한다.[1]

이러한 통제 욕구 또는 통제에 대한 자신감은 종종 내적 욕구의 위력을 과소평가하는 결과를 낳는다. 혹시 금연이나 다이어트를 시도할 때 사전에 몇 번이나 실패할지 예상해서 계획을 짜본 적이 있는가? 즉 내가 의지력을 발휘하는 데 상당한 시간이 필요하다고 생각해본 적이 있는가? 연초의 굳은 결심은 우리에게 장밋빛 미래를 제시한다. 우리는 넘치는 자신감에 들떠 있다. 짧은 시간 내에 금연에 성공할 것만 같고, 다이어트로 날씬해진 몸매를 자랑할 수 있을 것만 같다. 미리 승리감에 도취된 우리에게 도중의 실패 따위는 아예 안중에도 없다. 통제에 대한 자신감은 무모한 낙관주의의 원천이다.

또한 이는 우리가 의지력을 제대로 발휘하지 못했을 때 맛보게 되는 모든 부정적 정서의 원천이기도 하다. 우리는 내적 욕구를 통제했어야만 했다. 그리고 자신의 몸과 마음을 통제할 수 있다고 자신했었다. 그러나 뜻밖에도 우리는 곧잘 통제

력을 상실하며, 의지력을 발휘하는 데 실패한다. 도저히 질 것
같지 않았던, 져서는 안 되었던 싸움에서 패배자가 되고 만 것
이다. 이제 극심한 실망감, 좌절감 또는 무력감이 우리를 휘
감는다. 의지력을 발휘하지 못했다는 사실 자체에서 이러한
부정적 정서가 발생하는 게 아니다. 이는 '통제 강박'의 후유
증이다.

현실은 생각보다 더 절망적이다

이제 자기 절제의 냉정한 현실로 돌아가보자. 금연이나 다이어트에 성공하겠다는 굳은 결심과 함께 희망찬 새해가 시작된다. 우리는 성공을 의심하지 않는다. 우리 마음에는 담배를 피우고 싶은 욕구나 식욕을 통제할 수 있다는 자신감이 넘쳐흐른다. 그리고 실제로도 그것들을 통제하려고 무척이나 노력한다.

그러나 현실의 벽은 높기만 하다. 자기 절제를 결심한 이후 며칠간은 겨우겨우 참아왔지만 인내에 따르는 피로감은 점점 커져만 간다. 무엇보다 삶은 온통 유혹의 지뢰밭이다. 자칫 한

발이라도 잘못 디뎠다가는 손에 이미 불붙은 담배가 들려 있거나 가득 찬 배를 두드리며 숨을 몰아쉬고 있기 일쑤이다. 금연은 작심삼일에 그친다. 다이어트는 어느새 남의 이야기다. 마음속으로는 자신의 의지박약이 한없이 부끄럽지만, 겉으로는 아무 일 없었다는 듯 태연하게 생활한다. 자존심을 지키려 실패라는 주홍 글씨를 가슴속 깊이 꽁꽁 숨긴 채로.

간단한 금연 통계자료를 살펴보자. 2015년 정부가 실시한 금연치료 지원사업에 총 16만 2010명이 참여했으나, 이 중 67.7퍼센트가 중도에 금연을 포기했다. 그리고 최종적으로 금연에 성공한 사람은 총 3403명으로 성공률은 겨우 2퍼센트에 불과했다.[2]

다이어트의 경우에도 별반 다르지 않다. 2014년 대한비만체형학회 등이 진행한 범국민 비만 탈출 캠페인인 '다이어트 서포터즈 캠페인'(www.dietsupporters.kr)의 온라인 설문에서, 전체 응답자 208명 가운데 80퍼센트가 최소 한 번 이상 다이어트를 시도한 경험이 있다고 대답했다. 그러나 성공률은 17퍼센트에 불과했다.[3] 2015년 한 민간 비만치료 업체에서 78명을 대상으로 설문 조사한 결과, 연초에 세운 다이어트 계획에 성공한 확률은 12퍼센트였다.[4]

금연과 달리 아직까지 공적 영역에 진입하지 못한 비만 관리의 경우, 국내에서 장기간 대규모 인원을 대상으로 한 조사 결과는 찾아보기 힘들다. 그러나 만약 과학적이고 정확한 설계에 따라 조사를 실시한다면, 다이어트 성공률 또한 앞서 살펴본 금연 성공률 수준으로 낮아질 가능성이 크다.

부정적 감정에 사로잡히다

내적 욕구를 통제할 수 있다고 자신했다가 자기 절제에 실패하면, 우리는 스스로의 의지박약을 탓하며 수치심, 죄책감, 좌절감, 절망감 등 온갖 부정적 정서에 빠지곤 한다. 더 심각한 문제는 이런 실패의 후유증이 우리를 더욱 실패로 내몬다는 사실이다.

당신이 금연 도중에 유혹을 참지 못하고 담배 한 개비를 피웠다고 상상해보라. 당신은 이미 금단의 선을 넘었다. 담배 한 개비를 더 피운들 무슨 상관이겠는가? 실패자의 면죄부를 받은 당신은 더 이상 거리낄 게 없다. 이번에는 당신이 다이어트

도중에 도저히 참지 못한 채 냉장고 문을 활짝 열어젖히고 음식들을 '폭풍 흡입'했다고 상상해보라. 극심한 포만감은 어느새 극도의 수치심과 죄책감으로 바뀐다. 여기서 도망치는 길은 하나뿐이다. 바로 자기 위안의 주문을 외면서 자신을 더욱더 실패로 내모는 것이다. '알 게 뭐람, 어차피 망쳤는데 뭐.'

학자들은 이런 상황에 실제로 '알게뭐람 효과what-the-hell effect'라는 이름을 붙여주었다. 토론토 대학 심리학과의 재닛 폴리비와 C. 피터 허먼이 이름 붙인 이 용어는 자기 절제에 실패했을 때 따르는 후회가 오히려 내적 욕구에 대한 더 큰 탐닉으로 이어지는 악순환을 가리키는 말이다.[5]

다이어트와 관련된 좀 더 전문적인 용어도 있다. '역규제 섭식counterregulatory eating'이라는 개념이다. 다이어트 중인 사람들에게 커다란 잔에 가득한 밀크셰이크를 두 잔 마시게 했더니, 밀크셰이크를 전혀 먹지 않은 사람들에 비해 쿠키와 크래커를 더 많이 먹었다. 다이어트 중인 사람에게 밀크셰이크 두 잔은 예상치 못한 일탈이다. 이들에게 그날의 다이어트는 이미 실패한 셈이나 다름없다. 따라서 아무러면 어떠냐고 생각한 것이다.[6] 역규제 섭식은 다이어트에 실패한 사람들이 다이어트를 하지 않는 사람들보다 오히려 더 많은 음식을 섭취하는 현상을 이른다.

우리는 내적 욕구를 통제해야 한다고 생각한다. 그러나 현실의 결과는 참담하다. 우리는 번번이 통제에 실패한다. 통제해야만 하는 당위와 통제하지 못하는 현실의 괴리에서 발생하는 모든 책임은 빈약한 의지력의 몫으로 돌린다. 그래서 자신을 더욱 채찍질해야 한다고 믿는다. 다시금 굳은 결심으로 내적 욕구를 통제하려고 노력한다. 그러나 악순환의 고리는 좀처럼 끊어지지 않는다.

이제 생각을 전환해보자. 어쩌면 우리는 내적 욕구를 통제할 수 없는 건지도 모른다. 내적 욕구를 통제할 수 있다는 생각 자체가 틀렸을 수 있다. 우리의 의지력은 아무 죄도 없이 '박약'이라는 누명을 쓰고 있는지 모른다. 그렇다면 지금부터 '통제 강박'이 정말 타당한 생각인지 자세히 살펴보자.

3장

당신 잘못이 아니다

지킬 박사와 하이드의 주도권 쟁탈전

로버트 루이스 스티븐슨의 소설에 등장하는 하이드와 지킬 박사는 내적 욕구와 이를 통제하려는 우리 의식을 극적으로 묘사하는 훌륭한 표본이다. 지킬 박사는 의지력을 발휘하려는 '의식'이며, 하이드는 '무의식'에서 표출되는 내적 욕구의 화신이라고 할 수 있다.

무의식은 말뜻과 달리 의식이 없는 상태가 아니다. 실제로는 의식이 작동하지 않는 상태에 가깝다. 무의식에는 우리의 야만적인 본능이 그대로 드러난 상태라는 오명이 늘 따라다녔다. '하이드'나 '뇌 속의 좀비'[1] 와 같은 부정적인 꼬리표가 바로 이런 생각을 대표한다. 무의식이 동물의 본능과 별반 다르지 않다는 생각에서 '뱀의 뇌'[2]나 '코끼리'[3]에 비유되기도 한다.

이와 달리, 저명한 심리학자로 노벨경제학상을 수상한 대니얼 카너먼 교수는 다소 무미건조하지만 객관적인 용어를 사용하여 무의식을 소개한다. 카너먼은 우리의 정신 체계를 통제에 대한 인식 없이 자동적으로 빠르게 작동하는 '시스템 1'과 의도적인 관심을 기울여야 되는 정신 활동인 '시스템 2'로 구분했다. 시스템 1이 바로 무의식이며, 시스템 2가 의식에 해당한다. 그에 따르면 시스템 2가 하는 일 중 하나는 시스템 1의 충동을 억제하는 것으로, 시스템 2는 자제력self-control을 책임지고 있다.[4]

우리 뇌에서는 자동적으로 분출되는 내적 욕구와 이를 의도적으로 제어하려는 의식이 끊임없이 대립한다. 무의식과 의식이 쉴 새 없이 주도권 쟁탈전을 벌이는 것이다.

『착각의 과학』의 저자 프리트헬름 슈바르츠는 이런 무의식과 의식의 경쟁을 '충동 체계'와 '반성 및 실행 체계'의 대립이라고 표현한다. 충동 체계는 감정을 처리하고 즉각적인 자극에 반응하는 반면, 반성 및 실행 체계는 "의도된 행위를 실행에 옮기고, 그 행동이 사회와 충돌하지 않게 통제하며, 미래

전망을 염두에 두도록 한다".[5]

　의지력과 내적 욕구의 갈등은 월터 미셸이 언급한 뇌의 '뜨거운 충동 시스템'과 '차가운 억제 시스템'의 대립이기도 하다. 뜨거운 충동 시스템은 내적 욕구의 요구에 따라 지금 당장의 만족을 추구한다. 반면 차가운 억제 시스템은 당장의 욕구를 억누르고 유예된 더 큰 보상을 선택하도록 유도한다.[6]

　월터 미셸이 소개하는 인지심리학자 대니얼 벌린의 '뜨거운 초점'과 '차가운 초점'도 결국 내적 욕구와 의식의 경쟁 관계를 설명하는 말이다. 이를테면 마시멜로를 보고 달콤함을 떠올리는 사람은 뜨거운 초점에 주목한 것이며, 이러한 뜨거운 초점은 우리의 마음을 빼앗고 흥분시켜 충동적 반응을 이끌어낸다. 반면 어떤 사람은 마시멜로를 하얗고 둥글며 부드럽고 두툼한 특성을 가진 먹을거리라고 생각한다. 이러한 생각은 비감정적이며 대상의 객관적인 특성을 다루는 차가운 초점에 주목한 것이다. 차가운 초점에 주목하는 사람은 뜨거운 초점에 주목하는 사람보다 합리적이고 이성적인 판단을 내릴 가능성이 높다.[7]

　그러나 의지력의 영역에서는 대부분 본능이 이성을 앞선다. 뜨거운 충동은 차가운 억제를 압도한다. 우리는 차가운 초점보다 뜨거운 초점에 주목하는 데 익숙하다. 잠깐 숨어서 모습을 감추고 있던 하이드는 금방 지쳐버린 지킬 박사를 밀어내고 귀환한다. 안타깝게도 이 주도권 쟁탈전의 승패는 이미 예정되어 있는지 모른다. 이것이 우리의 현실이다. 우리는 내적 욕구를 통제할 수 없다.

5억 년 vs. 20만 년

본능이 이성보다 우위를 점하는 것은 근본적으로 우리가 그렇게 진화해왔기 때문이다. 진화의 역사에서 하이드는 지킬 박사보다 더 긴 연륜과 전통을 자랑한다. 지킬 박사는 아직 풋내기에 불과하다.

대표적인 인간 뇌 진화 이론은 미국 의사 폴 매클레인이 제시한 뇌의 삼위일체론triune brain이다. 이 이론에 따르면 우리 뇌는 진화의 순서에 따라 3층 구조로 이루어져 있다. 맨 아래층은 호흡, 심장박동, 혈압과 같은 생명 유지에 필요한 기능을 담당하는 '생명의 뇌'(또는 '파충류의 뇌')이다. 중간층은 기억과

감정 그리고 호르몬을 조절하는 '감정의 뇌'(또는 '포유류의 뇌')
이다. 생명의 뇌와 감정의 뇌는 내적 욕구를 일으키는 하이드
의 영역이다. 가장 바깥층은 '이성의 뇌'(또는 '인간의 뇌')로서
의지력을 관장하는 전두엽이 속한 대뇌피질을 말한다.[8] (각 뇌
영역의 세부 사항 및 의지력을 담당하는 전두엽의 세부 영역에 대해
서는 167쪽 '더 알아보기 1'을 참조하기 바란다.)

　이처럼 우리 뇌는 생명의 뇌, 감정의 뇌 그리고 이성의 뇌
순으로 진화했다. 무의식을 담당하는 생명의 뇌와 감정의 뇌
는 의식을 주관하는 이성의 뇌보다 더 근본적인 층위이다. 무
의식은 모든 척추동물의 뇌에 표준으로 갖추어진 하부구조이
지만, 의식은 선택 사항에 가깝다.[9]

　우리의 생존에 있어서 무의식은 의식보다 더욱 중요한 지위
를 갖는다. 생명의 뇌와 감정의 뇌 없이는 생존 자체가 불가능
하다. 반면 유명한 피니어스 게이지 사고를 통해 알려졌듯이,
이성의 뇌의 경우 일부가 손상되어도 생존이 가능하기도 하다.

　1848년 9월 미국 버몬트 주의 한 철도 공사 현장에서 스물
다섯 살 청년 피니어스 게이지가 엄청난 사고를 당했다. 1미
터가량의 쇠막대로 발파할 바위의 구멍을 다지다가 예기치 않
게 스파크가 일어났다. 곧이어 화약이 폭발했고, 그 바람에 쇠

막대가 그의 광대뼈를 지나 뇌를 관통한 다음 머리뼈 상부를 뚫고 나왔다. 그 결과 게이지는 머리뼈의 상당 부분과 왼쪽 대뇌 전두엽 부분이 손상되는 심각한 부상을 입었다. 모두가 죽으리라고 생각했지만, 게이지는 지각, 기억, 언어, 운동 기능이 멀쩡한 채로 살아났다. 단, 완전히 다른 인물이 되었다. 사고 전후로 게이지의 성격과 행동 양상이 완전히 뒤바뀌었던 것이다.[10]

이 사고를 계기로 우리 뇌에서 전두엽이 어떤 역할을 담당하는지에 대한 연구가 시작되었다. 과거에 공손하고 책임감 있고 의욕적이었던 게이지는 무례하고 믿을 수 없고 어리석은 사람이 되어버렸다.[11] 사고로 뇌에서 자기 절제를 위한 지도와 나침반을 모두 잃어버린 것이다.

대니얼 길버트에 따르면 지구상에 뇌가 처음으로 생겨난 것은 약 5억 년 전이다. 그 뒤에 초기 영장류의 뇌로 진화하기까지 약 4억 3000만 년이 걸렸고, 7000만 년 정도의 시간을 거쳐 최초 원인의 뇌로 진화했다.[12] 한편 캘리포니아 공과대학의 물리학 교수 레너드 믈로디노프에 따르면 인간이 속한 호모속은 약 200만 년 전에 진화하기 시작했으며, 호모속에서 살아남은 종으로는 우리 호모사피엔스가 유일하다. 호모사피엔스

가 해부학적으로 지금의 형태를 갖춘 것은 약 20만 년 전부터이다.[13]

이러한 연구자들의 주장이 타당하다면, 이성의 뇌를 지닌 현생인류인 호모사피엔스는 겨우 20만 년간 의식을 진화시켜왔다. 반면 무의식은 무려 5억 년간 우리와 함께했다. 20만 년에 불과한 미숙련 기술로 5억 년 동안 숙련된 무의식을 정복하겠다는 것은 무모한 도전이다. 지킬 박사의 실패가 당연해 보이지 않는가?

더구나 우리 조상은 현대인들이 고민하는 자기 절제가 필요하지도 않았다. 어차피 짧은 생애에서 장수를 위한 금연은 불필요한 일이다. 다이어트는 오히려 생존의 적이다. 오로지 지금 이 순간의 생존과 번식만이 지상 최대의 과제였다. 진화의 입장에서 보면 의지력은 여전히 생소한 주제다. 의지력은 우리가 새롭게 배워야 하는 현재진행형 기술인 셈이다. 힘들이지 않고도 지킬 박사가 승리하려면 진화의 수레바퀴가 무수히 돌아야 할지 모른다.

뇌 속의 좀비

에너지 소비 관점에서 보아도 하이드는 지킬 박사보다 더 우수하다. 하이드는 높은 에너지 효율을 자랑하지만 지킬 박사는 너무나 쉽게 방전되는 불량 배터리다. **우리 뇌는 에너지 절약을 위해 고효율 저비용의 하이드를 우리 삶의 주역으로 만들었다.** 뇌과학자들의 연구에 따르면 우리는 인지 기능의 95퍼센트를 무의식에 따라 자동으로 수행하며, 5퍼센트만을 의식할 뿐이다.[14] 지킬 박사는 아직 조역에 불과하다.

성인의 뇌는 무게가 약 1.4킬로그램이고 1000억 개가량의 뉴런, 곧 뇌세포로 이루어져 있다. 뉴런은 시냅스를 통해 서로 연결되어 있는데, 우리 뇌세포 사이에는 약 1000조 개에 달하는 연결이 존재한다.[15] 이런 뇌는 물질대사에서 다른 장기에 비해 특별한 지위를 갖는다. 관련 연구에 따르면 전쟁과 같은 절박한 기아 상황에서 다른 장기의 무게는 최대 40퍼센트까지 감소하지만, 뇌 무게의 감소는 2퍼센트 이하에 그쳤다. 뇌는 무조건 자기에게 최우선적으로 영양을 공급한다. 몸의 나머지 부분은 뇌가 사용하고 남은 영양으로 버텨야 할 만큼 뇌는 우리 몸에서 가장 중요한 부위이다.[16]

에너지 소비에서도 마찬가지다. 뇌는 신체 무게의 약 5퍼센트에 불과하지만 혈류량은 몸 전체의 15퍼센트에 이른다. 뇌가 사용하는 산소와 칼로리는 몸 전체 사용량의 20퍼센트에 달한다.[17] 또 다른 연구에 따르면 한 사람이 하루에 섭취하는 포도당 약 200그램 가운데 무려 130그램을 뇌 혼자서 소비한다.[18] 그러나 절대적인 사용량이 큰 것은 아니다. 포도당 130그램을 열량으로 환산하면 520킬로칼로리에 불과하다. 라면 한 개의 열량 정도이다. 수억 년간 진화를 거쳐 우리 뇌는 엄청난 효율성을 갖게 된 것이다.

뇌의 에너지 효율은 무의식에 의한 자동화 반응을 구축했기 때문에 가능하다. 뇌과학자들의 연구에 따르면 인간의 감각계는 1초마다 1100만 비트의 정보를 뇌로 보낸다. 그런데 의식이 실제 처리할 수 있는 정보량은 초당 16~50비트쯤에 불과하다. 만약 의식이 모든 감각계 정보를 처리해야 한다면, 뇌는 당장 과부하가 걸린 컴퓨터처럼 멈춰버릴 것이다.[19]

우리는 세면, 양치, 운전 등 매일 반복하는 일상적 행위를 어떻게 해낼지 고민하지 않는다. 그저 물 흐르듯 자연스럽게 수행한다. 이것이 바로 저명한 뇌신경 과학자인 크리스토프 코흐가 '뇌 속의 좀비'라고 표현한 자동화된 감각-운동 처리 과정이다. 일상적 행위가 반복되면 무의식은 좀비 작동체를 모아 이를 '근육 기억'에 저장한다. 그 결과 우리는 별다른 노력 없이 자동으로 업무를 수행하는 좀비들에 의해 일상 행위를 더욱 빠르게 해낼 수 있다.[20]

무의식의 자동 반응이 습관화되면 많은 에너지 소모 없이도 특정 행동을 수행할 수 있다. 그래서 습관이 꼭 나쁜 것만은 아니다. 만약 습관이 없다면, 우리는 특정 행동을 매번 새롭게 수행하기 위해 많은 에너지를 소모하여 극심한 피로에 시달릴 것이다. 습관은 이러한 '결정 피로'로부터 우리를 보호해주는 역할을 한다.[21]

따라서 높은 에너지 효율을 자랑하는 하이드의 승리는 우리의 생존에 축복인지 모른다. 우리의 지킬 박사는 좌절하겠지만, 개체의 생존을 위해 의지력은 진화의 역사에서 뒷전으로 밀려났던 것이다. 한정된 에너지를 효율적으로 사용하기 위해 아직까지 우리는 지킬 박사보다 하이드에게 더 많이 의지하고 있다.

에너지 고갈

앞서 살펴보았듯이 우리 뇌는 효율적인 에너지 관리를 위해 업무량의 약 95퍼센트를 하이드에게 위탁한다. 지킬 박사에게 할당된 양은 5퍼센트에 불과하다. 그럼에도 불구하고 조금만 부하가 걸려도 지킬 박사는 쉽사리 에너지를 탕진한다.

의지력 연구의 선구자로 『의지력의 재발견』을 쓴 로이 F. 바우마이스터 교수가 소개하는 실험 결과를 보자. 피실험자는 두 집단으로 구분된다. 두 집단 모두 화면 아래쪽에 연속적으로 단어가 제시되는 영상을 본다. 그런데 한 집단은 그저 편안하게 마음대로 영상을 즐기라고 요청받았고, 다른 집단은 화면 아래 단어를 무시하라는 주문을 받았다. 영상 시청 후 피실험자들의 포도당 수치를 측정한 결과 큰 차이가 나타났다. 편안하게 영상을 본 집단의 포도당 수치는 그대로인 반면, 단어를 무시하기 위해 애쓴 집단의 포도당 수치는 크게 낮아졌다. 단어를 무시하는 정도는 그리 어려운 과제가 아니다. 그런데도 별것 아닌 의지력을 발휘하는 데조차 많은 에너지가 소모된 것이다.

또 다른 연구에서 피실험자들은 처음에는 쉽지만 갈수록 어려워지는 게임을 수행하도록 요구받았다. 그리고 두 집단으로 나뉘어 한쪽에는 진짜 설탕을 넣은 레모네이드가, 다른 쪽에는 포도당이 없는 다이어트 감미료를 넣은 레모네이드가 제공됐다. 그 결과, 설탕이 든 레모네이드를 마신 집단은 투덜거리기는 해도 게임을 계속했다. 그러나 다이어트 감미료 레모네이드를 마신 집단은 각본대로 피실험자 중 일부가 참가자들의 게임 실력에 대해 불평하자 한층 격앙된 반응을 보였다.[22] 점차 어려워지는 게임을 수행하는 데 많은 에너지가 소모되어, 포도당을 보충하지 못한 집단이 포도당을 보충한 집단보다 정서적으로 예민해진 것이다.

그러나 펜실베이니아 대학교 심리학과의 로버트 커즈번 교수는 우리가 자기 절제력을 발휘할 때 실제로 소비하는 에너 지양은 1분당 성냥갑만 한 통에 든 민트 사탕 반 통 분량에도 미치지 못한다고 주장한다. 그의 주장이 타당하다면, 자기 절 제에는 신체 운동에 비해 훨씬 적은 양의 에너지가 소비되는 셈이다. 그렇다면 우리는 왜 의지력을 발휘할 때 쉽게 에너지 부족을 느끼는 걸까? 우리 뇌가 에너지 소비에 매우 민감하기 때문이다. 즉 전두엽의 에너지 소모를 포착하면 뇌는 혹시 발 생할지 모를 에너지 고갈 사태에 대비하기 위해 에너지 긴축 정책에 돌입하고, 생존과 직결되지 않는 에너지를 소비하는 자기 절제 활동을 제일 먼저 중단시키는 것이다.[23]

과학적 연구 결과가 아니더라도 우리는 욕구를 통제할 때 얼마나 쉽게 지치는지를 잘 안다. 그리고 심신이 지칠 때 유난 히 단것이 당기는 경험은 누구나 해보았을 것이다. 금연이나 다이어트를 할 때면 신경이 매우 예민해져서 아무것도 아닌 일에 쉽게 짜증이나 화를 내곤 한다. 온종일 담배나 음식 생각 을 참느라 다른 일은 손에 잘 잡히지 않는다. 저녁 무렵에는 극심한 피로감이 몰려와 꼼짝하기도 싫어진다. 그리고 자꾸만 단것을 찾게 된다. 포도당이 필요하다는 몸의 구조 신호이다.

우리가 의지력을 발휘하는 데 실패하는 이유와 관련하여 바우마이스터는 '자아 고갈ego depletion'이라는 유명한 개념을 제시했다. 그에 따르면 자아 고갈이란 자신의 생각과 느낌 그리고 행동을 제어하는 능력이 소진된 상태를 일컫는다. 앞서 살펴본 뇌의 에너지 고갈과 비슷한 개념으로 이해할 수 있다. 바우마이스터는 우리가 가진 의지력이 한정된 에너지자원이며, 우리가 자기 절제에 노력을 기울일수록 점차 고갈된다고 주장한다. 반대로 근력 운동을 통해 몸의 근육을 기르듯이 적절한 훈련을 통해 의지력을 기를 수 있다고도 주장한다.[24]

이처럼 쉽게 에너지 부하가 걸리는 지킬 박사가 에너지를 동시에 여러 군데에 사용해야 한다면 더욱 심한 곤란을 겪을 것이다. 만약 당신이 금연과 다이어트를 동시에 시도한다면 둘 다 실패할 가능성이 높다. 금세 지치는 지킬 박사에게 멀티태스킹을 요구하는 것은 너무나 가혹한 처사다. 한 가지 목표를 세우고 달성한 다음 다른 목표를 실행하는 편이 훨씬 현명하다.

포도당 에너지는 의지력을 비롯해 우리 사고와 결정에 중대한 영향을 미친다. 저혈당 환자들의 경우 평균적인 사람들보다 집중과 부정적 감정 조절에 어려움을 겪는다. 한 연구에서 청소년 범죄자의 90퍼센트가 평균보다 혈당이 낮았다고 한다.

죄수들을 대상으로 한 핀란드의 연구에서는 죄수들의 포도당 부하율로 재범률을 80퍼센트 이상 예측할 수 있었다.[25] 이스라엘 법원의 가석방 결정을 다룬 연구에서는 판사들이 간식을 먹거나 점심 식사를 한 직후에 내린 가석방 판결 비율이 65퍼센트로, 허기진 상태에서 내린 10퍼센트와 큰 차이를 나타냈다.[26] 따라서 뇌에 포도당이 부족하다면 우리는 더 이상 합리적인 의사 결정자가 아닐 수 있음을 이해해야 한다. 인생에서 중요한 결정을 내리려면 먼저 배부터 든든하게 채워야 하는 것이다.

당신 잘못이 아니다

앞서 살펴보았듯이 의식은 진화의 단계에서 후발 주자에 불과하다. 역사가 20만 년에 불과한 미숙련 기술로는 5억 년 동안 기술을 갈고닦은 하이드를 제압할 수 없다. 더구나 지킬 박사는 조금만 부하가 걸려도 쉽게 방전되는 치명적 약점까지 있다. 반면 하이드는 높은 에너지 효율을 자랑하는 자동조종 장치로 운영된다. 결국 하이드는 지쳐버린 지킬 박사를 밀어내고 자신이 원하는 대로 하고야 만다. 눌린 풍선이 금세 제자리로 돌아오듯, 하이드의 귀환은 예정된 것이다. 통제는 처음부터 답이 아니었다!

우리가 무언가를 억제하려고 노력하면 무의식은 그 억제에 성공했는지를 끊임없이 감시한다. 의식적으로 그 생각을 멈추어도 되돌리려는 무의식적 과정이 반복된다. 결국 우리는 억제했던 생각을 다시 하게 된다. 심리학자 대니얼 웨그너는 이를 '모순적 처리 이론ironic process theory'으로 설명했다.[27] 웨그너는 실험 참가자들에게 흰곰을 제외하고 무엇이든 원하는 대로 생각하라고 주문했다. 그러나 억제할수록 참가자들은 흰곰 생각을 떨쳐버리지 못했다.[28] 어떤 본능이든 억제하려고만 하면 그 반작용이 더 강하게 작동한다. 흡연 욕구나 식탐을 억제하면 더욱 강한 갈망으로 되돌아올 뿐이다.

하이드는 지킬 박사보다 더 근원적인 우리의 자화상이다. 의지력 영역에서 하이드는 지킬 박사를 압도하는 우월한 힘을 갖고 있다. 우리는 내적 욕구를 통제할 수 없다. 내적 욕구를 통제할 수 있다는 자신감은 잘못된 생각이다.

따라서 내적 욕구를 통제함으로써 의지력를 발휘하려는 시도는 반드시 실패한다. 그러나 그것은 절대 당신 잘못이 아니다. 당신의 의지력에 '박약'이란 굴레를 씌우지 마라. 애초에 통제 강박으론 성공할 수 없었다. 다시 한 번 말하지만, 처음부터 통제는 답이 아니었다.

자학에서 수용으로

내적 욕구를 통제할 수 없다는 사실을 받아들이면, 의지력을 발휘하지 못했다고 해서 수치심이나 좌절감을 느낄 이유가 없다. 의지력 발휘에 실패한 데 따르는 부정적 감정은 잘못된 통제 강박의 결과일 뿐이다. 그러므로 우리는 결코 자학해서는 안 된다. 오히려 이토록 힘겨운 싸움에 가상하게 도전한 스스로의 용기에 박수를 보내야 한다.

이제 우리에게 필요한 것은 자학에서 '실패 수용'으로 인식을 전환하는 것이다. 우리는 실패할 수 있다는 사실을 받아들여야 한다. 무의식의 발화는 통제할 수 없다. 욕구는 샘솟듯

끓어오른다.[29] 의지력을 기르는 과정에서 실패는 예정된 수순이다. 여기에 단 한 번의 도전으로 원하는 바를 쟁취하는 화려한 성공 신화는 없다.

자학에서 수용으로 인식을 전환하면 실패에 따르는 부정적 감정에서 빨리 벗어날 수 있다. 실패가 예정되어 있는데 심하게 실망하고 자책할 이유가 무엇이란 말인가? 그리고 이런 부정적 감정에서 빨리 벗어나야 다시 의지력을 불태울 수 있다. 부정적 감정이 강하게 오래 지속되면 재도전을 위한 최소한의 용기마저 메말라버린다.

실패를 인정하고 받아들이면, 의지력을 발휘하지 못했을 때 자포자기해서 내적 욕구에 더욱 탐닉하는 '알게뭐람 효과'에서도 벗어날 수 있다. 수용은 실패를 좌절이 아닌 성공으로 향하는 과정으로 바꿔준다. 실패를 수용할 때 우리는 그 원인과 개선점을 차분히 돌아볼 수 있는 여유를 갖게 된다.

또한 실패 수용은 긍정적인 변화를 위한 첫걸음이기도 하다. 미국 알코올의존증자 자조 모임이나 약물의존증자 재활 치료 시설 등에서는 회복 과정의 제1단계로 실패 수용과 비슷한 절차를 거친다. 환자들에게 "나는 내 힘으로 더 이상 어떻게 할 수 없다는 사실을 인정한다"고 선언하도록 시키는 것이다.[30] 자신이 무력함을 인정하는 것은 언뜻 좌절로 가는 지름 길처럼 보인다. 그러나 알코올 또는 약물 중독과 같이 의학적 치료가 필요한 상황에서도 실패를 수용하는 것은 절망감보다 는 오히려 변화를 위한 용기를 심어주는 역할을 한다.

의지력 SOS

4장

0.15초의 희망

의식의 진화

　통제 강박은 잘못된 접근이다. 지킬 박사는 하이드를 통제할 만큼 강하지 못하다. 내적 욕구를 통제하는 방식으로는 자기 절제에 성공할 수 없다. 그렇다면 우리는 지킬 박사의 패배를 멀뚱히 바라봐야만 할까? 우리에게 희망은 없을까?

　앞서 거듭 살펴보았듯이, 의지력 경쟁에서 지킬 박사는 하이드보다 열등생이다. 우리가 그렇게 진화해왔기 때문이다. 그러나 지레 포기하고 좌절할 필요는 없다. 희망의 불씨도 바로 그 진화 과정에 들어 있으니까. 아직 숙련되진 않았다고 해도 우리 의식은 20만 년간 제 길을 묵묵히 걸어왔다. 그 의식의 진화 과정에서 오늘의 굶주림을 참고 내일 심을 볍씨를 남기는 자제력과 내일의 풍성한 식탁을 위해 오늘의 고단한 노동을 감수하는 의지력이 탄생한 것이다.

의지력은 의식의 진화 그 자체이다. 의지력은 의식을 담당하는 전두엽의 뉴런이 만들어낸 진화의 산물이다. 그러므로 의지력의 본질도 의식의 진화 과정에서 찾아야 한다. 통제를 뛰어넘어 진정한 의지력 성취를 가능케 할 실마리는 20만 년간 의식이 지나온 여정에 있다.

그리고 의식의 진화에서 찾은 이 실마리는 의지력을 실천하는 데 있어 너무나 중요하다. '열심히 노력하면 된다'는 자기계발의 주문만으로는 의지력을 획기적으로 향상시키기 어렵다. 피상적 이해에서 나온 구호는 쉽게 휘발되고 만다. 본질에 대한 통찰은 진정한 이해와 실천의 밑거름이다. 우리는 아는 만큼 생각하고, 생각한 만큼 변화할 수 있다.

리벳의 실험

의지력의 본질을 찾기 위해 의식이 지나온 길을 탐구하는 과정은 미국 신경생리학자 벤저민 리벳의 유명한 실험[1]에서 시작한다. 지금부터 흥미진진한 리벳 실험 내용을 자세히 살펴보자.

리벳 실험의 핵심은 우리가 특정 행동을 하려는 생각을 갖게 된 시점과 실제 뇌 활동이 시작된 시점 및 실제 행동 시점 간의 선후 관계를 확인하는 것이다.

[그림 1] 리벳이 사용한 시계 글자판

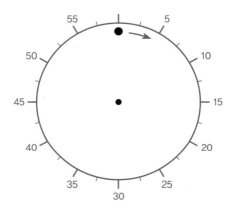

먼저 [그림 1]과 같이 눈금이 새겨진 시계판이 준비되어 있고, 밝은 광점이 시계의 초침처럼 시계판의 눈금을 따라 돈다. 피실험자는 손가락을 임의로 움직이고 싶다는 생각이 들면 시계판을 보고 그 시점을 보고한다. 연구자들은 사전에 피실험자의 두피에 전극을 연결해 뇌가 만들어내는 전기신호(준비전위readiness potential, RP라 부른다)를 측정하여 실제 뇌의 활동 시점을 파악한다. 그리고 피부 반응을 측정하여 손가락이 실제 움직인 시점도 관찰한다.

이렇게 설계한 실험으로 연구자들은 피실험자가 손가락을

임의로 움직이고 싶다고 생각한 시점(인식 시점), 뇌 활동이 시작된 시점(준비전위 시점), 실제 손가락이 움직인 시점(행동 시점)의 시간적 순서를 탐구했다.

　상식적으로 생각하면, 실제 행동이 발생하기 위해서는 움직이고 싶다는 생각을 인식한 이후에 명령이 전달되는 시간이 필요할 터이므로 인식 시점이 행동 시점보다 앞서는 건 당연해 보인다. 그리고 그 사실을 인식하는 바로 그 순간 뇌의 전기 활동이 일어날 터이므로 준비전위 시점과 인식 시점은 동시이리라 예상할 수 있다.

　그러나 [그림 2]와 같이 실험 결과는 놀라웠다. 인식 시점은 행동 시점보다 0.15초 앞서므로 인식 시점과 행동 시점의 선후 관계는 예상과 동일했지만, 준비전위 시점과 인식 시점은

[그림 2]　실제 리벳의 실험 결과

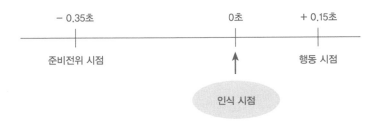

동시가 아니었다. 오히려 준비전위가 인식보다 0.35초나 앞서 발생했다. 이는 그때까지의 상식으로는 납득하기 어려운 이상한 결과였다.

철학자 데카르트에 따르면 "나는 생각한다. 고로 존재한다". 그런데 내가 생각하기도 전에 내 뇌에서 전기 스파크가 먼저 일어났다. 내가 생각하기도 전에 전기 스파크를 일으키는 뇌는 과연 누구인가? 내 뇌는 내가 아니었나?

자유의지는 허구일까?

　상당히 충격적인 리벳의 실험 결과는 과연 자유의지가 존재하는가를 두고 과학자와 철학자들 사이에서 엄청난 논쟁을 불러왔다.

　리벳 실험 결과만 놓고 보면 우리 행동은 의식이 아니라 무의식에 의해 먼저 결정되는 것처럼 보인다. 의식은 스스로 결정했다고 생각할지 모르지만 실은 결정된 결과의 구경꾼일 뿐인 셈이다. 저명한 과학철학자 대니얼 데닛의 표현에 따르면 우리는 "무의식적으로 일어난 진짜 결정의, 일종의 지연 상영되는 내면의 비디오테이프를 사실상 그저 수동적으로 지켜보

고 있을 뿐이다".[2]

리벳 실험 결과에 따르면 우리는 무의식의 결정에 따라 움직이는 좀비이며, 우리에게 자유의지란 없다. 다만 다소 위안이 되는 부분은 인식 시점 이후에 실제 행동까지 0.15초의 시간 여유가 있다는 점이다. 적어도 우리에게 일말의 거부권은 남아 있는 셈이다. 그렇다면 일본 뇌과학자 이케가야 유지의 말처럼 우리는 자유의지free will가 아니라 무의식의 일방적인 요구를 거부하는 자유부정free won't만을 갖고 있는지도 모른다.[3]

그러나 대니얼 데닛을 포함한 자유의지 옹호자들은 리벳 실험 결과에 근거하여 우리에게 자유의지가 없다고 생각하는 것은 잘못이라고 주장한다. 이러한 주장에 따르면 손가락을 까닥이고자 하는 결정(인식)은 실제로는 준비전위와 동시에 이루어진다. 그러나 우리 뇌 활동은 시간적, 공간적으로 분산되어 처리된다. 따라서 우리가 손가락을 움직이기로 결정함과 동시에 뇌에서 스파크가 일어났다 하더라도, 그 결정이 발생한 것을 탐지하여 인식하는 시점까지는 일정한 시간 지연이 발생할 수밖에 없다. 그러므로 인식 시점이 준비전위 시점보다 늦는 것은 전혀 이상한 일이 아니다. 단순히 준비전위 시점이 인식 시점보다 앞선다는 사실만으로 자유의지를 부정하는 것은 우리 뇌의 정보처리 과정을 제대로 이해하지 못했기 때문이라는 주장이다. (상세한 내용은 173쪽 '더 알아보기 2'를 참조하기 바란다.)

두 가지 키워드: 관찰과 시뮬레이션

앞서 엄청난 반향을 불러온 리벳 실험의 자유의지 논쟁을 소개했지만, 사실 이 책에서 리벳 실험을 인용한 진짜 이유는 따로 있다. 바로 의지력의 본질을 이해하는 의식 진화의 두 가지 키워드가 리벳 실험 결과에 들어 있기 때문이다. '관찰'과 '시뮬레이션'이 그 두 가지 키워드다.

의식 진화의 첫 번째 키워드는 '관찰'이다. 리벳 실험 결과에서 제일 먼저 주목해야 하는 사실은 의식이 무의식의 발화를 탐지할 수 있다는 것이다. 우리는 손가락을 움직이고자 했던 전기 스파크를 탐지할 수 있다. 그것이 0.35초 이후에 가능하다는 사실은 그리 중요하지 않다. 조금 시간이 걸릴 뿐 지킬 박사는 하이드의 등장을 관찰할 수 있는 것이다. 그리고 이러한 관찰에서 의식이 탄생하고 진화하기 시작했다. 관찰 능력은 호모사피엔스가 다른 동물들과 다른 진화의 길을 걸을 수 있게 해준 디딤돌과 같다. 관찰 능력이 없다면 지금의 우리도 없다.

의식 진화의 두 번째 키워드를 살펴보자. 리벳 실험에 따르면 우리에게는 하이드를 관찰한 이후 행동에 이르기까지 0.15초의 여유가 있다. 우리는 하이드의 일방적인 지시에 맞설 거부권을 갖고 있는 것이다.

문제는 거부권을 행사할 시간 여유가 너무 짧다는 점이다. 지킬 박사는 하이드가 자신을 그야말로 눈 깜짝할 사이에 집어삼키지 못하도록 막아야 한다. 이는 연약한 지킬 박사에게 너무 가혹한 요구이다.

0.15초는 그야말로 찰나에 불과하기 때문에, 우리는 최초의 실험에서 거부권 행사에 실패할 가능성이 높다. 그러나 리벳 실험이 반복된다고 생각해보자. 그러면 우리는 거부권을 행사하는 데 항상 0.15초의 시간 여유가 있다는 사실을 알게 된다. 미래를 예측할 수 있게 된 셈이다. 게다가 우리는 상상만으로도 다음에 이루어질 리벳 실험에서 거부권을 행사할지 여부

를 결정할 수도 있다. 드디어 우리가 미래를 바꿀 수 있게 된
것이다! 이것이 바로 의식 진화의 두 번째 키워드인 '시뮬레이
션'이다.

5장

하이드를 관찰하다

관찰 능력이란 마법

인간 이외의 다른 동물들은 무의식을 관찰할 수 없다. 그들의 리벳 실험에서는 인식 시점이 아예 존재하지 않는다. 무의식의 발화는 곧바로 행동으로 연결되며, 본능이 바로 그들의 삶이다. 동물은 자기를 관찰할 능력이 없다. 프로 기사 이세돌 9단과의 바둑 대결에서 승리한 인공지능 알파고AlphaGo도 자신을 관찰하진 못한다. 알파고는 자신이 인공지능이라는 사실을 모른다.

우리가 가진 자기 관찰 능력이 너무나 자연스러워 새삼스럽게 보이지 않는가? 그러나 자신을 관찰할 수 있다는 것은 마

법에 가까운 능력이다. 자기 관찰은 자아 인식의 첫걸음이다. 온전한 자기 관찰 능력은 오직 인류만이 가진 마법이다. 우리 인류만이 자신이 누구인지 안다. 의식의 진화는 그렇게 시작되었다.

유체 이탈

우리는 어떻게 자기 관찰 능력을 갖게 되었을까? 이케가야 유지의 설명에 따르면 우리 인류도 처음에는 다른 동물과 마찬가지로 타자의 존재만을 인식할 수 있었다. 그러다가 관찰의 대상이 '타자에서 자신으로' 전환되면서 우리는 비로소 스스로를 관찰하게 된 것이다. 가장 직접적인 자기 관찰 방법은 자신의 뇌에 접속하는 것이다. 그러나 진화는 그러한 방향으로 이루어지지 않는다. 이미 존재하는 타자 관찰 기능을 전용하는 편이 뇌에 직접 접속하는 완전히 새로운 방법보다 더 효율적이다. 이런 이유로 우리는 타자를 관찰하는 동일한 방법

으로 외부의 시각에서 자신을 바라보게 되었다. 이 관찰 방법이 바로 '유체 이탈'이다.[1]

여기서 말하는 유체 이탈은 흔히 생각하는 초자연적인 현상이 아니다. 우리는 마음만 먹으면 관찰자인 나를 공중으로 띄워서 관찰 대상인 나 자신을 바라보게 할 수 있다. 이때 나는 관찰자인 동시에 관찰 대상이다. 진화 과정에서 우리는 이렇게 외부에서 자기를 관찰하는 일을 반복하여 오늘날 다른 동물이 갖지 못한 자기 관찰 능력을 구축했다. 유체 이탈은 우리가 어떤 방식으로 자기 관찰 능력을 갖게 되었는지를 보여주는 훌륭한 증거이다.

정상적인 상황에서 우리는 마음속 상상을 통해 유체 이탈을 경험할 수 있다. 그러나 뇌에 문제가 생기거나 뇌의 특정 부위를 의도적으로 자극하면, 상상을 넘어 실제로 자신이 자기 몸을 벗어났다고 믿는 생생한 유체 이탈을 경험할 수 있다. 스위스 올라프 블랑케 박사와 연구진은 오른쪽 측두엽에 문제가 생겨 수시로 발작을 일으키는 한 여성 환자의 머리에 수백 개의 전극을 연결하고 뇌의 반응을 관측했다. 그런데 두정엽과 측두엽 사이에 전기 충격을 가했을 때 환자는 생생한 유체 이탈을 경험했다. 그녀는 허공에 2미터쯤 떠서 자신의 몸이 침대

에 누워 있는 모습을 보았다고 했다. 그리고 유체 이탈 경험은 전극의 스위치를 끈 즉시 종료되었다.[2]

유명한 뇌과학자 빌라야누르 라마찬드란 박사에 따르면 정상적인 두뇌는 거울신경(타인의 특정 행동을 관찰할 때 활성화되는 뇌의 뉴런), 전두엽, 감각 반응의 활발한 상호작용으로 현실과 환상을 구분한다. 그러나 우측 전두두정엽 영역이 손상을 입거나 케타민제로 마취될 경우 거울신경 활동이 억제되지 못해, 실제와 같은 유체 이탈을 경험하게 된다. 실험실이 아닌 현실에서라면 이러한 현상은 뇌에 산소가 부족할 때 발생하기 쉽다. 그래서 유체 이탈의 감각은 임사臨死 체험에서 자주 보고되는 것이다.[3]

유체 이탈이라는 개념은 의지력 향상을 위한 첫걸음에 중요한 통찰을 제공한다. 우리가 일상생활에서 실제로 유체 이탈을 경험할 일은 거의 없겠지만, 의식적인 노력을 통해 그와 비슷한 자기 관찰 능력을 기를 수는 있다.

진실의 순간을 마주하다

우리는 무의식을 탐지할 수 있는 능력이 있지만 그런 능력의 존재조차 자주 잊어버린다. 결정적인 순간에 우리 뇌의 전기 스파크는 곧바로 행동으로 연결되고, 상황은 순식간에 종결된다. 분명 우리 인류는 다른 동물보다 우월한 종이지만 별반 다르지 않을 때도 많다. 하이드를 관찰하는 것은 그리 쉬운 일이 아니다.

다이어트의 자기 절제 상황을 떠올려보자. 당신은 한가한 일요일 오후 6시 이전에 가정식 백반(열량이 대략 1000킬로칼로리 미만)으로 저녁 식사를 했다. 시간이 흘러 밤 10시쯤이 되면 허기가 저벅저벅 걸어와 베토벤의 〈운명〉 교향곡 도입부처럼 문을 두드릴 것이다. 처음에는 당신도 문고리를 꼭 붙들고 있을 것이다. 그러나 냉장고 문을 몇 번 열었다 닫았다 안절부절못하던 당신은 결국 백기를 들고 야밤의 만찬을 즐기고야 만다. 그럴 때 당신은 하이드를 보았을까?

이번에는 금연을 하는 중이라고 생각해보자. 금연을 시작한 지 며칠 되지 않은 당신은 아무리 참으려 해도 담배 생각을 떨쳐버릴 수가 없다. 내가 공연히 왜 이런 결심을 했나 후회막급이다. 그 와중에 담배를 피우는 친구가 불쑥 한마디를 던진다. "그래, 독하게 너 혼자만 오래오래 살아라." 그러지 않아도 아슬아슬하게 경계에 서 있던 당신은 어느새 자신도 모르게 담배를 물고 만다. 그 순간에 당신은 하이드를 보았을까?

금연이나 다이어트를 처음 시작할 때는 지킬 박사가 두 눈을 부릅뜨고 보초를 설 것이다. 혹시라도 두더지처럼 하이드가 튀어나올까 노심초사하면서 말이다. 그러나 지킬 박사의 피로가 쌓여 극에 달하는 순간, 하이드는 짠 하고 나타난다. "에라, 모르겠다. 될 대로 돼라"고 지킬 박사가 백기를 드는 순간, 이제부턴 온통 하이드 세상이다. 그러면 우리가 할 수 있는 건 기껏해야 구차한 변명뿐이다. "담배 끊는 인간과는 상종도 말렸다"거나 "먹고 죽은 귀신은 때깔도 좋다"거나.

물론 하이드를 관찰하는 일이 자기 절제의 성공을 보장하지는 못한다. 그러나 관찰의 실패는 반드시 자기 절제의 실패를 불러온다. 무의식의 발화를 의식이 인지하지 못한다면 자기 절제는 절대 성공할 수 없다.

관찰할 때 무의식의 발화만큼 주목해야 할 것이 무의식의 발화를 촉발하는 방아쇠trigger다. 의식의 에너지 고갈이 심해지면 하이드가 등장한다. 특히 자기 절제 상황에서는 이 방아쇠가 당겨지고 곧장 하이드가 나타날 때가 많다.

다시 조금 전의 다이어트 상황으로 돌아가보자. 일요일 늦은 저녁 겨우겨우 허기를 참고 있는 당신에게 가족이 야식으로 먹는 라면, 배달된 치킨, TV의 먹방 프로그램 등은 모두 하이드의 출현을 촉발하는 '방아쇠 사건'이다. 방아쇠 사건 자체로 당신이 무너지는 것은 아니다. 그러나 방아쇠가 당겨지면 식탐이라는 하이드가 튀어나온다. 그때 아무런 여과 장치가 없다면 촉발된 식탐은 곧장 과식이라는 행동으로 귀결된다.

금연 상황에서도 무수히 많은 방아쇠 사건이 등장한다. 달콤한 커피 한 잔, 몇 잔의 술, 술자리의 느슨한 분위기, 동료가 흡연하는 모습, 금연의 가치를 폄하하는 흡연 권유 등이 바로 그것이다. 일단 방아쇠가 당겨지면 호시탐탐 기회를 노리던 하이드가 바로 나타나고, 당신은 어느새 실패자 대열에 합류해 있다.

따라서 우리는 하이드 자체뿐만 아니라 방아쇠 사건도 관찰할 수 있어야 한다. 방아쇠 사건과 하이드는 대개 패키지 상품이다. 하이드는 "아 몰라, 될 대로 되라지 뭐"라는 주문과 함께 방아쇠가 격발된 직후에 나타날 때가 많다. 방아쇠 사건을 관찰하지 못하면 하이드의 등장도 관찰하기 어렵다. 반대로 방아쇠 사건을 잘 관찰할 수 있다면 우리는 좀 더 수월하게 무의식의 발화를 관찰할 수 있다.

방아쇠 사건을 관찰하는 행위는 습관 개선을 위한 '자각 훈련awareness training'과 동일하다.[4] 습관을 개선하기 위해서는 그 습관 행동을 유발하는 방아쇠 사건을 자각하는 것이 중요하다. 영화 〈백 투 더 퓨처〉에서 주인공 마티 맥플라이(마이클 J. 폭스 분)는 '겁쟁이'라는 말만 들으면 이성을 잃고 흥분한다. 이 습관을 바로잡으려면 그는 제일 먼저 겁쟁이라는 말이 하이드의 등장을 불러오는 방아쇠 사건이라는 사실을 깨달아야 한다.

방아쇠 사건과 하이드가 등장하는 진실의 순간을 관찰하기 어려운 이유는 별도의 '주의'가 필요하기 때문이다. 리벳의 실험에서 피실험자들이 행동이 이루어지기 0.15초 전에 뇌의 스파크를 보고할 수 있었던 것은 손가락을 까닥이고 싶은 순간을 보고하라는 지시를 받았기 때문이다. 현실에서도 우리는 가끔 손가락을 까닥인다. 그러나 이 경우 따로 주의를 기울이지 않으므로 의식하는 순간을 인지할 기회 없이 자동 행동으로 종결되고 만다.

　주의를 기울이지 않으면 눈앞에서 벌어지는 명백한 사실조차 관찰하지 못할 수 있다. 인지심리학자 크리스토퍼 차브리스와 대니얼 사이먼스의 유명한 '보이지 않는 고릴라' 실험을 살펴보자. 피실험자는 각각 검은색과 흰색 유니폼을 입은 두 팀이 농구공을 주고받는 영상을 보면서 흰색 팀의 패스 횟수를 세어달라고 요청받았다. 그런데 영상 중간에 고릴라 의상을 입은 사람이 약 9초에 걸쳐 화면 중앙으로 걸어와 선수들 가운데 멈춰 선 뒤 카메라를 향해 가슴을 치고 나가는 장면이 있다. 이 실험의 핵심은 흰색 팀의 패스 횟수가 아니라 피실험자가 그 고릴라를 보았는지 여부다. 놀랍게도 실험 대상자의 50퍼센트가 고릴라를 전혀 의식하지 못했다. 믿기지 않겠지만, 이는 수차례 반복된 명백한 실험 결과이다.[5]

별도의 주의를 기울이라는 요구가 없다면 우리의 의식은 눈앞의 광경도 보지 못할 수 있다. 따라서 우리 내면에서 일어나는 무의식의 발화를 관찰하려면 상당한 주의를 기울여야만 한다.

관찰이 가져다주는 축복

　방아쇠 사건과 하이드를 관찰하더라도 모든 문제가 해결되지는 않는다. 그러나 관찰이 이루어지면 상황은 이전과 완전히 달라진다. 우리는 이제 자기 절제 전쟁에서 승리할 첫 번째 발판을 확보했다. 통제를 뛰어넘을 수 있는 방법 두 가지 중 하나를 찾은 것이다.

　방아쇠 사건과 하이드는 관찰 행위를 통해 재평가된다. 관찰 행위 전후로 방아쇠 사건과 하이드의 위력이 지닌 절댓값이 바뀌지는 않는다. 그러나 지킬 박사가 체감하는 방아쇠 사건과 하이드의 강도는 완연히 달라진다. 싸움에서 전혀 모르는 상대와 대적하는 것만큼 공포스러운 일은 없다. 상대의 실체를 알면 공포는 감내할 수 있는 두려움으로 바뀐다.

1992년 영국의 한 병원에서 이루어진 연구에 따르면 고관절이나 무릎관절 교체 수술 후 재활 과정을 상세히 기록한 환자는 그러지 않은 환자보다 회복 속도가 더 빨랐다. 예를 들어 어떤 환자는 소파에서 일어나는 순간에 통증이 극심하다는 사실을 관찰했고, 그 통증에 대처하는 법도 미리 기록해두었다. 그 결과 그는 고통에도 불구하고 소파에서 일어나는 첫걸음을 곧바로 기계적으로 내디뎌 다시 주저앉고 싶은 유혹을 떨쳐낼 수 있었다. 그리고 더 빠른 재활이 가능했다.[6] 이처럼 통증이 발생하리라는 사실을 관찰하고 그 통증에 대처하는 방법을 준비한다면, 통증을 감내하는 능력까지도 향상될 수 있다.

이제 관찰 행위를 통해 다이어트 실패를 야기하는 방아쇠 사건을 재평가해보자. 객관적으로 바라보면 가족이 야식으로 시킨 치킨은 그냥 치킨일 뿐이다. 당신이 그것을 꼭 먹어야만 하는 이유도 없고, 반드시 먹지 말아야 할 이유도 없다. 꼭 배불리 먹으란 법도 없고, 치킨 한 조각만 먹지 말란 법도 없다. 특정 상황과 그 상황 안에서 당신이 취할 수 있는 행동은 분명히 분리될 수 있다. 당신은 방아쇠의 격발에 따라 움직이는 좀비가 아니다. 치킨은 치킨일 뿐 그 이상도 이하도 아니다.

또 다른 다이어트 상황을 살펴보자. 식욕을 참다보면 도저히 견디지 못할 것 같은 허기가 몰려올 때가 있다. 당장 냉장고 문을 활짝 열어젖히고 음식을 허겁지겁 먹지 않으면 금방 죽을 것 같다. 그러나 이때 두 눈을 부릅뜨고 진실의 순간을 마주한다면 어떻게 될까? 우리를 집어삼킬 것 같은 허기도 그 순간이 지나면 단순한 허기에 불과하다. 이제 우리는 차분히 허기를 달래면 된다. 물 한 잔만 마실 수도 있고, 간단하게 요기를 할 수도 있다. 중요한 것은 허기가 나를 집어삼키지 못하도록 하이드를 바라보는 일이다.

금연의 경우에도 관찰 행위를 통해 방아쇠 사건과 하이드를 재평가할 수 있다. 식후 포만감은 흡연을 유발하는 강력한 방아쇠 사건이자 하이드 그 자체이기도 하다. 흡연자들은 식후에 습관적으로 담배를 피운다. 그러나 식후에 걷잡을 수 없이 휘몰아치는 흡연 욕구를 심호흡하면서 지켜보라. 두 눈 부릅뜨고 진실의 순간을 맞이해보라. 잠시 시간이 흐르면 폭풍우는 지나간다. 포만감이 잦아들면 당신을 휘감던 격정의 순간도 사라진다. 당장 담배를 피우지 않으면 세상이 끝날 것 같았지만, 세상은 평온하게 별 탈 없이 흘러간다. 식후면 또다시 하이드가 휘몰아치겠지만, 그 또한 삶의 한순간에 불과하다는 사실을 이제 당신은 안다.

관찰을 통한 하이드의 재평가는 단지 자기 절제 영역에만 해당되지 않는다. 무의식의 발화로 야기되는 분노, 슬픔, 괴로움 등 우리의 모든 정서적 문제에도 동일한 원리가 적용된다.

만약 당신이 부모님이나 배우자의 잔소리에 자신도 모르게 벌컥 화를 낸다면 다음과 같이 하이드를 관찰해보라. 시계를 준비하여 잔소리를 들은 다음 얼마 만에 당신이 벌컥 화를 내는지 재는 것이다. 아마도 화 자체를 내지 않게 될 것이다. 이미 유체 이탈 상태에 있기 때문이다. 당신은 공정한 심판관으로 부모님이나 배우자의 잔소리에 포함된 객관적 사실(상대가 개선을 희망하는 당신의 잘못된 행동)과 주관적 감정(당신 잘못에 대한 상대의 정서적 평가)을 분리할 수 있다. 예전과 달리 관찰된 감정은 당신에게 상처를 주기 어렵다. 오히려 당신이 객관적 사실을 수용할 가능성이 높아진다. 유체 이탈을 한 당신은 이전의 당신이 아니다.

만약 당신이 속으로 하이드의 등장을 헤아리고 있다는 사실을 상대가 눈치챘다면, 상대도 예전처럼 잔소리를 길게 하기 어려워진다. 잔소리는 당신의 하이드가 등장해야 증폭되기 때문이다. 이제 상대는 당신이 객관적 사실에 주목하고 있음을 알게 된다. 그리고 이런 과정이 몇 번 반복되면 상대도 자신의 하이드를 내보이지 않고 대화하기 시작할 것이다.

관찰을 통한 하이드의 재평가는 무의식의 발화가 바로 행동으로 연결되지 않도록 제지해주는 내면의 브레이크를 작동시킨다. 앞서 살펴보았듯이 리벳 실험에서 인식 시점과 행동 시점 사이에는 0.15초의 시간 차가 존재했다. 그동안 우리는 거부권을 행사할 수 있다. 하이드의 지시대로 움직이는 좀비가 되지 않을 수 있다. 혹시 거부권을 행사하기에는 시간이 너무 짧아 걱정되는가? 절대 염려할 필요가 없다. 삶은 반복되고, 다음번 재대결에서는 미리 대비할 수 있다.

본능은 우리에게 '투쟁-도피 반응'을 유도한다. 외부 자극에 대하여 생명의 뇌와 감정의 뇌는 생존을 위해 맞서 싸우거나 아니면 도피하는 자동화된 반응을 만들어낸다. 그러나 자기 관찰은 켄터키 대학교 심리학 교수 수잰 세거스트롬이 제시한 '멈춤-계획 반응'을 가능케 한다. 내면의 갈등을 지각하는 순간 뇌와 신체는 속도를 늦추고 나쁜 결과를 불러올지 모르는 충동적 결정을 조절하도록 해주는 것이다.[7] 무의식의 발화를 관찰하면 자동화된 반응이 표출되는 것을 멈출 수 있다.

그리고 의식이 선택하는 계획된 반응이 일어날 기회를 확보하게 된다.

대니얼 데닛의 설명에 따르면 우리는 '상황 A에서는 Z를 하라'는 식의 행위 규칙만을 가진 것이 아니라, 여러 선택지를 비교하고 행동할 수 있는 메커니즘을 진화시켜왔다. 데닛은 인공지능 과학자 게리 드레셔의 구분법에 따라 전자를 '상황-행위 기계', 후자를 '선택 기계'라고 부른다. 그에 따르면 선택 기계는 상황-행위 기계에 비해 더 많은 자유를 갖고 있으며, "자연계에서 인간은 최고 품질의 선택 기계다".[8]

자기 관찰은 불교에서 언급하는 '깨어 있기'와도 같다. 불교 심리학의 권위자인 타라 베넷 골먼은 『내 감정의 함정』이란 책에서 깨어 있기에 대해 이렇게 설명한다. "거의 무의식적으로 표출되던 자동적인 감정 습관을 '의식의 표면'으로 가져오는 일(깨어 멈추기)은 감정의 통제권을 뇌의 기저핵에서 전두엽으로 옮기는 일이다. 모든 감정 습관을 변화시키는 첫 단계는 이러한 '깨어 있는 멈춤'이다."[9]

앞서 소개한 바 있는 대니얼 카너먼은 무의식, 즉 '시스템 1'의 오류를 막는 방법으로서 우리가 관찰자가 되어야 한다고 강조한다. 그의 설명에 따르면 "시스템 1에서 기원하는 오류들을 막는 방법은 원칙적으로 보면 간단하다. 당신이 인지적 지뢰밭에 있다는 신호를 인식하고, 속도를 줄이고, 시스템 2에게 더 많은 도움을 요구하라. 관찰자는 행위자보다 인지적으로 덜 바쁘면서 정보에는 더 개방되어 있다".[10]

자기 관찰은 자기 절제의 스트레스 상황에서 이완 반응을 유도하여 마음과 몸을 건강하게 유지해주는 효과도 있다. 이완 반응은 마음을 집중하여 안정 상태에 이를 때 심장박동과 뇌파가 느려지고, 호흡수와 신진대사가 감소하고, 혈압이 내려가는 등 일련의 신체 반응을 말한다.[11]

관찰을 확장하다

관찰은 우리 내면뿐만 아니라 외부로 확장해 수행할 수도 있다. 많은 경우 외부로 확장된 관찰 행위의 효과는 우리 내면에서 수행될 때보다 더 높게 나타난다.

확장된 관찰 행위의 가장 대표적인 사례는 '글쓰기'다. 글쓰기 행위의 본질은 우리 내면을 객관적으로 분리된 외부 공간으로 이전하는 것이다. **따라서 애초에 관찰 없는 글쓰기는 불가능하다. 글쓰기는 관찰의 정수이다.** 진실의 순간을 마주하면 자신의 내면에서 일어나는 갈등을 글로 옮겨보라. 외부 공간에 객관적으로 존재하는 당신은 더 이상 하이드에 휘둘리지 않게 된다.

 의지력 연습에서 권장되는 '금연 일기' '다이어트 일기' 또는
'습관 일기' 등은 모두 외부로 확장된 관찰 효과를 얻기 위한
방법이다. 한 연구에 따르면 자신이 먹은 음식을 기록하는 '푸
드 다이어리'를 작성한 사람은 다른 방법으로 다이어트를 한
사람에 비해 두 배 가까이 체중 감량에 성공했다고 한다. 또한
각 식품에 포함된 칼로리양을 기록하는 것도 도움이 된다.[12]

 다이어트 일기라고 해서 반드시 하루에 얼마의 열량을 섭취
했는지를 기록해야만 의미가 있는 것은 아니다. 다이어트 일
기의 본질은 이를 통해 관찰 행위를 지속하는 것이다. 매일 총
섭취 열량을 기록하는 것도 관찰 행위를 지속하는 데 도움을
주지만, 이는 한 가지 방법일 뿐이다. 다이어트와 관련된 관찰
사실을 매일 기록하기만 한다면 그 어떤 형식이나 방법도 모
두 다이어트에 효과가 있다. 오히려 정해진 형식에 얽매이기
보다는 관찰 전후에 느낀 감정과 생각을 자유롭게 메모하는
방법이 실천하기에 더욱 용이하고 바람직할 수 있다.

 자기 절제와 관련된 모든 모니터링도 본질은 확장된 관찰
행위이다. 로이 F. 바우마이스터는 『의지력의 재발견』에서 매
일 체중을 측정하는 효과에 대해 다음과 같이 설명했다. "매

일 체중을 재는 사람들은 체중이 다시 늘어나는 것을 훨씬 성공적으로 막아낼 수 있었다. 또 폭식할 위험도 적었고, 매일 체중계에 올라감으로써 실망을 하거나 우울해질 확률도 적었다."[13]

매일 체중을 재는 모니터링 행위도 단순한 기록 이상의 의미가 있다. 매일 체중을 재는 사람은 관찰 행위를 지속적으로 수행하고 있을 가능성이 매우 높다. 체중을 측정할 때마다 자신이 원하지 않았는데도 하이드의 힘에 휘둘려 과식을 했는지 여부를 돌이켜볼 수 있다. 그리고 측정 결과에 따라 다음번 식사 상황에서는 어떻게 행동해야 할지를 사전에 계획할 수도 있다. 매일 체중을 재는 사람은 관찰 행위가 가져다줄 축복의 수혜자임에 분명하다.

어떤 대상이라도 관찰할 수 있다면 관리할 수 있다. 본질적으로 관리의 부재는 관찰의 부재이다. 이 원리는 개인의 삶과 더 나아가 기업을 비롯한 모든 조직 경영에 동일하게 적용된다.

우리는 타고난 명상가다

'명상meditation' 또는 '마음챙김mindfulness'은 우리 내면의 갈등을 객관적으로 살펴본다는 점에서 자기 관찰과 동일하다. 심리학자 장현갑 선생이 설명하는 마음챙김을 살펴보자. "지금 이 순간 이곳에서 행하고 있는 경험에 대해 유쾌하거나 불쾌하거나 상관없이 오직 호기심과 관심을 갖고 열린 마음으로 그 경험을 살펴보고 받아들이는 것임. 이를 요약하면 '지금今, 이곳에서處, 일어나고 있는 경험에 대해 열린 마음心으로 바라보는 것觀이다. 그래서 이 마음챙김 수행법을 불교의 마음수련에서는 염처念處 관법觀法 또는 위빠사나 수행이라고 부른다."[14]

우리 뇌의 전두엽에서 관찰 행위를 처리하므로, 우리가 명상할 때 전두엽이 활성화되는 것은 충분히 예상되는 결과이다. 실제로 하버드 대학교 심리학과의 세라 래저 박사 팀은 시크교도를 대상으로 수행한 뇌영상 연구에서, 명상을 하는 경우 주의 집중, 시간과 공간 인식, 의사 결정이나 정신적 초점의 선택과 같은 심리적 기능을 담당하는 뇌 부위에서 극단적인 활동성이 발생함을 확인했다.[15]

종교인은 일종의 자기 관찰 행위인 기도, 묵상 또는 염불과 같은 종교 활동에 익숙하므로 비종교인에 비해 자기 절제에 좀 더 유리할 수 있다. 기도, 묵상, 염불은 모두 결과적으로 뇌의 자기 절제 활동을 강화하는 방법이기 때문이다. 또한 종교는 행동을 제약하는 모니터링 기능을 한다. 전지전능한 신은 우리의 모든 것을 알고 있다. 신을 속일 수는 없다. 따라서 절대자 앞에서 우리는 스스로 자기 절제의 모니터링 시스템을 운용하게 된다.[16]

사실 불교나 가톨릭교의 수도승과 같은 전문가만 명상을 하는 것은 아니다. 절이나 수도원에 앉아 기도하지 않더라도 우리 의식은 끊임없이 무의식의 발화를 관찰하려고 노력한다.

그런 의미에서 우리는 타고난 명상가이다. 우리 삶은 명상 수행 그 자체이다.

그러나 안타깝게도 온전하게 의지력을 발휘하기에 우리 명상 기술은 숙련도가 떨어진다. 아마도 먼 미래에 우리 후손들은 특별히 애쓰지 않아도 손쉽게 완벽한 의지력을 발휘할지도 모른다. 지속된 진화는 인류의 뇌에 티베트 고승이 가진 고도의 명상 기술을 탑재시킬 수 있다. 하지만 지금 우리는 겨우 의지력 마라톤의 출발선에 서 있을 뿐이다.

명상 훈련을 한 전문가는 평범한 우리와 얼마나 다를까? 위스콘신 대학교 리처드 데이비슨 박사 팀은 티베트 불교 수도승 여덟 명이 명상할 때 나타나는 뇌파 변화를 관찰했다. 이들이 명상을 시작하자 즉각 뚜렷한 변화가 뇌파에 나타났다. 주의력이나 집중력에 관련된, 감마파로 불리는 뇌파가 기록된 것이다. 수행 기간이 긴 고승일수록 강한 감마파가 발생했다. 한편 초보자는 명상을 해도 감마파가 나오지 않았다. 추가 연구에서 집중력이 비롯된다고 여겨지는 뇌 영역을 MRI로 촬영하자 수행 시간이 2만 시간 미만인 젊은 승려의 경우 아마추어에 비해 강한 뇌 활동이 관찰되었다. 그런데 4만 4000시간 이상 수행한 고승의 경우 감마파는 강하게 생성되어도 뇌 활

동은 아마추어와 비슷했다. 고승은 집중하려고 애쓰지 않아도 자연스럽게 명상에 빠질 수 있는 것이다.[17]

그러나 우리의 명상 능력이 고승과 같은 전문가에 비해 부족하다고 너무 실망하지는 말자. 우리는 그들처럼 4만 시간이 넘게 명상을 수행할 수도, 수행할 필요도 없다. 조금만 노력해도 우리 삶에서 필요한 정도의 자기 절제 능력은 충분히 기를 수 있다. 중요한 것은 이러한 본질을 이해하고 꾸준히 실천하는 일이다.

6장

미래를 시뮬레이션하다

시뮬레이션의 힘

내비게이션이나 지도 앱 사용이 보편화되기 전에는 상대에게 낯선 약속 장소를 설명할 때 길을 안내해주어야 했다. 그런데 우리는 실제로 그 장소로 향하는 중이 아닌데도 어떻게 그곳까지 이르는 길을 설명할 수 있었을까? 또 상대는 실제로 가보지도 않은 길을 설명만 듣고 어떻게 찾아올 수 있었을까?

당연한 듯 보이지만 너무나 신비로운 이 능력이 바로 시뮬레이션이다. 영화 〈매트릭스〉에서 주인공 네오의 뇌로 업로드된 지도처럼 우리 머릿속에는 현실에 대응하는 가상의 지도가 존재한다. 우리는 가상의 지도를 따라 실제와 거의 동일하게 이동할 수 있다. 그리고 그 머릿속 이동 경로는 전화기 너머의 약속 상대와 매끄럽게 공유된다. 우리는 물리적 활동 없이 생각만으로 이루어지는 사고실험인 시뮬레이션을 할 수 있는 것이다.

우리 인류가 처음부터 시뮬레이션을 할 수 있었던 것은 아니다. 뇌과학자들이 밝혀낸 바에 따르면, 우리는 신체 운동 신경회로가 가진 미래 예측 능력을 차용하여 사고실험이 가능한 신경회로를 구축했다. 그리고 마침내 이 사고실험을 통해 미래를 창조하기에 이르렀다. 뇌과학자들의 흥미진진한 연구 내용을 자세히 살펴보자.

이케가야 유지는 우리 뇌의 뉴런 회로가 피드백 구조로 되어 있으며, 피드백을 제어함으로써 우리 행동이 자연스럽게 이루어진다고 설명한다. 이를테면 우리가 손쉽게 눈앞의 페트병을 집을 수 있는 건 수시로 팔의 궤도가 목표에서 얼마나 벗어났는지 확인하고 보정하는 피드백 회로가 있기 때문이다. 그런데 피드백 회로는 행동보다 늘 늦게 작동하므로 효율성이 떨어진다. 따라서 더 효율적인 방법은 순간순간 미래를 예측하면서 팔을 뻗는 것이다. 만약 우리가 예측과 함께 몸을 움직이지 못한다면, 평소에 신속하고 매끄럽게 해내던 동작들이

어려워질 것이다.[1]

이케가야 유지는 피드백에 기초한 제어를 '순모델'이라 지칭한다. 이는 원인 뒤에 결과가 오는 순서이다. 이와 반대로 결과를 먼저 상정하고 역산하여 움직임을 제어하는 경우를 '역모델'이라고 한다. 인과의 순서가 뒤바뀌는 역모델에서 바로 미래 예측이 이루어진다.[2] 그리고 이러한 신체 운동 신경회로에 의한 미래 예측 능력은 사고실험 시뮬레이션으로 발전하게 된다.

의사 결정 연구의 세계적 권위자 리드 몬터규 박사도 『선택의 과학』이란 책에서 생물체의 미래 예측 모형에 대해 자세히 설명했다. 그에 따르면 급속 안구眼球 운동의 경우 너무 빨라 피드백 정보만으로는 제어하기가 어렵다. 이럴 때는 이 운동을 조절하는 신경회로가 안구를 어디로 보낼지 계획을 세우고 이를 복사하여 상당수의 다른 신경계로 분배한다. 이러한 계획은 가까운 미래에 앞서 모의실험을 수행하는 셈이므로, 몬터규는 이를 '앞선 모형forward model'이라고 부른다. 눈동자가 움직이고, 혀가 날름 밖으로 나오고, 손바닥이 모기를 잡는 행위 모두 앞선 모형 능력으로 가능한 것이다.[3]

생각해보면 우리 뇌에는 이러한 앞선 모형이 다수 장착되어 있는 것 같다. 아침에 일어나 밤에 잠들 때까지 우리가 수행하는 행동을 돌이켜보자. 우리는 특정 행동을 할 때마다 그 수행 방법을 새롭게 찾지 않는다. 우리 행동은 수없이 반복된 미래 예측 시뮬레이션으로 거의 자동으로 완성된다.

그런데 인류의 진화는 행동 시뮬레이션에만 머무르지 않았다. 의식은 신체 운동을 위한 미래 예측 능력을 차용하여 정신 사고를 위한 신경회로까지 구축했다. 그 결과 정신적 미래 예측인 사고실험이 가능해졌다. 우리는 아무것도 하지 않으면서 수만 가지 일을 할 수 있게 되었다. 드디어 미래의 창조자가 된 것이다.

시뮬레이션 능력은 생존경쟁에서 절대적인 우위를 부여한다. 물리적 시행착오는 자칫하면 개체의 생존을 위협할 수 있다. 만일 특정 개체가 안전지대에서 생각만으로 최적의 행동 대안을 찾을 수 있다면, 그 개체는 단순한 생존을 뛰어넘어 위대한 역사를 이룩할 수 있다. 상상이 모든 것을 창조하지는 않지만, 상상 없이는 아무것도 창조하지 못한다. 시뮬레이션 능력은 실제로 미래를 만든다. 시뮬레이션 능력을 갖춘 우리 인류가 지구의 정복자가 된 것은 결코 우연이 아니다.

인류에게 시뮬레이션은 단순한 모의실험이나 예행연습 이

상을 의미한다. 『이기적 유전자』로 유명한 리처드 도킨스는 시뮬레이션 능력의 진화가 주관적 의식의 진화를 초래했다고 주장한다. 뇌가 세상을 온전히 시뮬레이션하게 되자 뇌 자체도 시뮬레이션 대상인 세상의 일부가 되었다는 것이다. 이것이 바로 자기 인식이며, 이를 통해 의식의 진화가 이루어진다.[4]

이러한 주장은 이케가야 유지가 설명하는 '마트료시카 구조' 및 '리커전recursion'(반복)과 일맥상통한다. 피드백 회로의 출력 결과가 다시 자신에게 돌아오면 인형 속에 인형이 들어 있는 러시아 민속품인 마트료시카 구조가 된다. 뇌는 시뮬레이션을 하고, 다시 그 시뮬레이션하는 뇌를 시뮬레이션하는 반복, 즉 리커전이 이루어진다.[5] 이러한 리커전의 반복이 결국 의식의 진화를 촉진한 것이다.

시뮬레이션은 의식의 뇌 영역인 전두엽에서 이루어진다. 『마음의 미래』에서 미치오 가쿠는 인류의 진화 과정에서 피드백 회로가 매우 많아졌고, 미래를 시뮬레이션하고 실시간으로 최종 결정을 내리기 위해 다른 동물과 달리 전두엽이 크게 확장되었다고 주장한다.[6] 이처럼 시뮬레이션은 전두엽의 확장과 함께한 의식의 진화 그 자체이다.

진실의 순간을 다시 마주하다

5장에서도 언급했듯이 하이드를 관찰한다고 해서 반드시 의지력을 발휘할 수 있는 건 아니다. 더구나 우리는 하이드의 등장을 잘 알아보지도 못한다. 설사 보았다 하더라도 이미 마시멜로의 종소리가 울린 지 오래인 경우도 많다.

그러나 절대 실망할 이유가 없다. 삶은 반복되며 진실의 순간은 다시 찾아온다. 이제 우리는 머릿속에 빙 유아원 실험실을 갖추고 원하는 만큼 마시멜로 테스트를 해볼 수도 있다. 판세는 완전히 달라졌다. 우리는 승리를 위한 두 번째 발판까지 확보했다. 관찰과 시뮬레이션은 궁극적으로 우리에게 강한 의지력을 가져다줄 것이다.

다시 일요일 밤의 다이어트 상황으로 돌아가보자. 당신은 이제 배고픔이라는 하이드가 저벅저벅 걸어와 문을 두드리리라는 걸 예상할 수 있다. 다시 진실의 순간을 맞이한다면 어떻게 할지 대비할 수도 있다. 여러 가지 선택지가 있다. 끝까지 맨몸으로 하이드와 맞서 싸울 수도 있고, 물 한 잔이나 준비해둔 방울토마토 몇 알로 하이드를 달랠 수도 있다. 아니면 아예 패배를 인정하고 진수성찬을 즐길 수도 있다.

무엇을 선택하든 당신은 이전의 당신이 아니다. 패배를 인정하더라도 전혀 상관없다. 더 이상 스스로를 비하하지 않고 실패를 수용할 수 있기 때문이다. 당신에게는 내일 다시 시작할 용기가 여전히 남아 있다. 오늘의 패배는 내일의 승리를 위한 전주곡이다. 내일도 마시멜로 테스트는 반복된다. 내일은 더 밝은 눈으로 하이드를 지켜볼 수 있다. 반복되는 시뮬레이션으로 내일은 무엇을 선택해야 할지 더욱 명확해진다. 내일의 대처 능력은 오늘보다 더욱 향상될 것이다.

이번에는 금연 상황으로 돌아가보자. 이제 당신은 술자리가 실패를 촉발하는 유혹의 장이라는 사실을 잘 안다. 알코올은 전두엽의 활동을 더욱 느슨하게 만들 것이다. 이때 흡연을 부추기는 동료의 말 한마디는 강력한 격발장치다.

그러나 이제 대부분의 스토리는 당신 대본에 이미 들어 있다. 이제 당신은 어떻게 행동할지 미리 정할 수 있다. 술자리의 흡연 유혹은 불가피한 것이며, 그 또한 삶의 일부분이라고 인정하면서 금연을 유지할 수도 있다. 아니면 유혹을 참지 못하고 다시 담배를 피울 수도 있다. 금연에 실패하더라도, 당신은 더 이상 하이드의 힘에 휘둘리기만 하던 과거의 당신이 아니다. 참기 너무나 괴로웠던 상황은 점점 그리 대단할 것 없는 그저 그런 삶의 한순간으로 변화하여 다가오기 시작한다. 영화는 다시 상영되고, 스토리는 달라진다.

월터 미셸 박사의 마시멜로 테스트 후속 실험에서도 시뮬레이션은 큰 효과를 발휘했다. 실험 구조를 변경하여 연구원들은 아이들에게 기다리는 동안 재미난 생각을 해보라고 제안한 뒤 방을 나섰다. 이 경우 아이들은 평균적으로 10분 이상을 기다렸다. 그런 주문을 받지 않은 아이들은 평균 1분 이하를 기다렸다.[7]

의지력을 발휘하는 대안을 미리 준비하는 시뮬레이션은 자기 관찰 능력을 더욱 강화하는 선순환 효과를 낳는다. 또 강화된 자기 관찰 능력은 자기 절제력을 더욱 높이며, 고양된 자기 절제력은 다시 시뮬레이션 능력을 향상시킨다. 관찰과 시뮬레이션을 하는 당신은 더 이상 풍선을 억누르고 있지 않아도 된다. 당신의 생각 상자는 아주 커져 있다. 이제 풍선은 당신의 생각 상자에서 아주 작은 영역만을 차지할 뿐이다. 더 이상 풍선이 상자 밖으로 튀어나올까봐 전전긍긍할 필요가 없다. 당신은 예전의 당신이 아니다.

반복된 시뮬레이션은 하이드가 등장했을 때 취할 수 있는 다양한 선택지를 제공한다. 이는 심리학자들이 말하는 '실행 의도implementation intention' 및 '만약에 계획if-then plan'과 동일하다. '실행 의도'란 특정 상황에서 어떻게 할지 행동 계획을 미리 정해두는 과정을 말한다.[8] '만약에 계획'이란 바람직한 행동을 실행 계획으로 정해놓고, 알맞은 상황적 신호가 발생하면 그것이 자동으로 일어나도록 연습하여 강화하는 것을 말한다.[9]

실제로 자기 절제력이 뛰어난 사람들은 시뮬레이션을 통해 자신에게 바람직한 행동 방식을 정하고, 그 행동이 자동적으로 이루어지도록 한다. 이를테면 규칙적인 생활 습관 같은 것들이다. 이들은 폭식이나 절식 대신 규칙적인 시간에 일정한 식사량을 유지하려 노력하며, 매일 정해진 운동을 하려고 애쓴다. 규칙적이란 말은 이런 바람직한 행동 방식이 자동적으로 수행됨을 의미한다. 물론 이들도 처음부터 잘해내지는 못했을 것이다. 다만 반복된 시뮬레이션으로 바람직한 대안을 선택할 가능성이 높아지고, 그 대안들이 긍정적인 자동 반응으로 강화되었을 뿐이다.

1장에서 살펴보았던 할인율 개념을 다시 상기해보자. 의지력이 약한 사람은 미래에 대한 할인율이 높다고 했다. 그러나 의지력이 약한 것이 할인율이 높기 때문은 아니다. 정확히 말하면 시뮬레이션 능력이 부족하기 때문이다. 당신이 쉽게 금연을 포기했다면, 이는 금연이 가져다줄 건강한 삶의 모습이 당신에게 생생히 와닿지 않은 탓이다. 다이어트로 건강해진 모습도 산해진미를 눈앞에 둔 이에게는 멀기만 하다. 따라서 높은 할인율이란 은유적인 표현에 불과하다. 핵심은 시뮬레이션 능력의 부족이다.

『자기 절제 사회』의 저자 대니얼 액스트는 이를 오스트리아 경제학자 오이겐 폰 뵘바베르크의 말로 설명했다. "우리는 상상력과 추상력을 충분히 갖지 못했거나 여기에 필요한 노력을 기울이려고 하지 않는다. 우리는 대부분 미래에 원하는 것에 대해 완전하지 못한 그림을 그리고, 특히 아주 먼 미래의 일에 대해서는 제대로 묘사조차 하지 못한다." 또한 후생경제학의 대가 아서 피구의 말도 인용했다. "우리는 멀리 내다보는 능력에 결함이 있다. 따라서 우리는 미래에 누릴 즐거움의 크기를 과소평가한다."[10]

미래를 생생히 상상해 미래 자아가 낯설지 않게 느껴진다면 의지력을 발휘하는 데 더 능숙해질 수 있을까? UCLA 조교수인 할 허시필드는 샌프란시스코 베이에어리어에 거주하는 성인의 재정 문제를 연구했다. 평균연령이 54세인 실험 대상자들은 현재 자아와 미래 자아 간의 동질감을 높게 느낄수록 당장의 작은 보상보다 유예된 커다란 보상을 선호했다. 그러한 사람들은 실제로도 더 많은 재산을 모은 것으로 드러났다.[11]

사실 시뮬레이션 능력은 의지력에만 국한된 주제가 아니다. 위대한 창의성은 풍부한 상상력에서 나온다. 시뮬레이션은 미래를 창조하는 상상력이다. 인류의 위대한 유산을 창조한 과학자들과 발명가들을 떠올려보라. 그들은 모두 뛰어난 시뮬레이션 능력의 소유자였다. 보통 사람은 아예 엄두를 못 내거나 불확실한 실현 가능성을 의심하며 반대할 때, 그들은 뛰어난 상상력으로 현실 안주와 의심의 파도를 훌쩍 뛰어넘는다. 미래는 그렇게 창조되어왔다.

7장

의지력의 본질과 SOS 연습 모형

의지력의 본질

앞서 살펴보았듯이 의지력은 내적 욕구를 굳게 참는 마음이 아니다. 의지력의 본질은 미래의 행복을 위해 현재의 만족을 유보하는 만족 지연 능력도 아니며 미래의 가치를 높게 평가하는 낮은 할인율도 아니다. 의지력은 내적 욕구의 발화를 끊임없이 관찰하고 그에 대응할 행동 계획을 지속적으로 시뮬레이션하는 것이다. 의지력의 본질은 우리 의식의 진화 그 자체이다. 의지력은 관찰과 시뮬레이션이라는, 의식이 걸어온 길을 함께했다.

환원주의 관점에서 바라보면, 의지력이란 우리 뇌에서 관찰과 시뮬레이션을 담당하는 전두엽 뉴런 및 연관 뉴런들의 활동 또는 그 연결이다. 한국계 미국인으로 세계적인 뇌과학자인 승현준Sebastian Seung 박사는 "당신은 당신 유전자 이상이다. 당신은 당신의 커넥톰(뉴런의 연결)"이라고 주장하면서 단일 뉴런이 아닌 뉴런들의 연결에 주목했다.[1] 뉴런 자체에는 아무런 의식이 없지만, 뉴런의 활동과 그 연결은 우리의 정신을 탄생시켰다. 앨런 튜링의 통찰처럼 의지력도 그렇게 탄생된 것이다.

타고난 자질 vs. 습득한 기술

의지력은 우리가 태어날 때부터 갖고 있는 내재된 자질일까, 아니면 후천적으로 습득한 기술일까?

대답을 잠시 미루고, 이 질문에 대해 우리가 대체로 어떻게 생각하는지 살펴보자. 2장에서 소개한 '다이어트 서포터즈 캠페인'의 온라인 설문에서 다이어트 실패의 원인을 묻는 질문에 절반이 넘는 응답자(57퍼센트)가 '본인의 의지 부족'을 가장 큰 이유로 꼽았다. 그리고 다이어트 성공의 가장 중요한 요소를 묻는 질문에는 제일 높은 비율로 응답자의 38퍼센트가 '본인의 확고한 의지'를 꼽았다.[2] 설문 결과처럼 우리 대부분은 자기 절제의 실패 원인을 의지 부족이라고 생각한다. 따라서 자기 절제에 성공하기 위해서는 의지력을 길러야 한다고 믿는다.

이러한 통념은 우리가 의지력을 내재된 자질에 가깝다고 생각함을 시사한다. 만약 우리가 의지력을 자동차 운전과 같이 후천적으로 습득하는 기술로 생각한다고 가정하자. 그렇다면 의지력을 잘 발휘하지 못하는 상황에서 우리는 '의지력 부족' 또는 '의지박약'이란 표현 대신 운전 미숙처럼 '의지력 미숙'과 같은 표현을 사용할 것이다. 그런데 당신은 '의지력 미숙'이란 말을 들어본 적이 있는가?

골프를 잘 치기 위해서는 누구나 골프 연습을 해야 한다. 그러나 의지력을 잘 발휘하기 위해 의지력을 '연습'해야 한다고 생각하는 사람은 거의 없다. 대신 의지력을 '계발啓發'해야 한다고 말한다. 계발의 사전적 의미는 "슬기나 재능, 사상 따위를 일깨워줌"이다. 즉 의지력을 계발한다는 것은, 마음속에 내재된 의지력이 잘 발현되도록 일깨운다는 뜻이다. 또 흔히 사용하는 '의지력을 기른다'라는 표현에서 '기르다'의 의미도 습득 또는 학습이 아니라 계발과 일맥상통한다. 반면 '습득한' 의지력, '연습 중인' 의지력과 같은 표현은 찾아볼 수 없다.

우리는 의지력을 연습이나 학습의 대상으로 여기지 않는다.

그리고 실제로 별도의 시간을 할애하거나 교재 또는 보조 기구의 도움을 받아 의지력을 연습하고 학습한 경험도 거의 없다. (다만 일부 대학에 자기 절제에 대한 강좌가 개설되어 있다.)

우리가 의지력을 내재된 자질이라고 생각하는 데는 나름의 이유가 있다. 우리 삶이 거대한 의지력 학습의 장이기 때문이다. 늑대 소년이 아닌 이상 일반적인 양육 환경에서 성장한다면 우리는 자연스럽게 의지력을 배우게 된다. 생애 각 단계별로 수행하는 역할과 가정, 학교, 사회에서 배우는 규율 등을 생각해보라. 우리는 자신도 모르는 사이에 의지력을 내재화해온 셈이다. 따라서 의지력을 내재된 자질이라고 생각하는 건 매우 자연스러운 일이다. 그러나 살아가면서 내재화해온 의지력 범용 기술로는 특화 기술이 필요한 금연, 다이어트 같은 자기 절제의 영역에서 성공하기가 쉽지 않다.

의지력을 내재된 자질로 인식하는 태도 자체가 잘못된 것은 아니다. 그러나 금연과 다이어트 등에 사용할 특화 기술이 필요하다면 먼저 의지력에 대한 인식부터 바꿔야 한다. 두 주먹을 불끈 쥐고 머리에 띠를 두르기만 해서는 아무것도 이룰 수 없다. 본질에 입각한 구체적인 연습 방법으로 의지력을 익혀야 한다.

정신과 의사인 노먼 도이지가 쓴 책 『기적을 부르는 뇌』[3]에는 '뇌 가소성'의 놀라운 사례들이 등장한다. 뇌 가소성이란 환경이나 학습 결과에 따라 우리 뇌가 보이는 엄청난 변화 가능성을 말한다. 뇌 가소성에 따라 우리의 전두엽은 변화할 수 있다. 다만 적절한 방법과 시간이 필요할 따름이다.

SOSSimulation-Observation-Selection 모형

의지력 연습 방법에 왕도는 없다. 성공에 이르는 유일한 길은 의지력이 지나온 진화의 발자취를 따라가는 것뿐이다. 의지력의 본질에 기초하지 않는다면 그 어떤 묘안도 일회용 처방에 불과하다. 임시방편은 절대 최종적인 성공을 보장하지 못한다.

이 책에서는 의지력의 두 가지 키워드인 관찰과 시뮬레이션을 바탕으로 한 SOSSimulation-Observation-Selection 모형을 의지력 연습 방법으로 제안한다. 여기서 처음 소개하는 것이긴 하지만, SOS 모형은 완전히 새로운 획기적인 방법이 아니다.

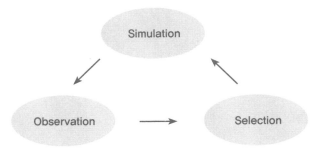

[그림 3] SOS 모형

SOS 모형은 우리 인류가 의지력을 진화시켜온 과정 그 자체이며, 우리가 진정한 의지력을 발휘하기 위한 과정과도 동일하다.

SOS 모형은 [그림 3]과 같이 3단계로 구성되며, 각 단계는 순환한다. 첫 번째 단계는 시뮬레이션Simulation이다. 이 단계에서는 자기 절제가 필요한 상황을 미리 상상해야 한다. **어떤 방아쇠 사건이 발생할지, 하이드가 언제쯤 등장할지 등을 예상해보는 것이다. 그리고 하이드가 등장한다면 어떻게 행동할지 대응 방안까지 미리 결정해본다.**

두 번째 단계는 관찰Observation이다. 이제 가상이 아닌 실제 상황에서 방아쇠 사건과 하이드를 관찰해야 한다. **방아쇠**

가 격발되면 어김없이 하이드가 등장한다. 사전 예고 없이 하이드가 곧바로 등장할 때도 있다. 스트레스가 심한 상황은 말할 나위도 없고 심지어 너무나 기쁜 상황에서도 하이드는 불쑥 나타난다. 불쑥 나타나는 하이드를 대면하는 것은 쉬운 일이 아니다. 그러나 우리는 진실의 순간을 마주하려고 노력해야만 한다.

세 번째 단계는 계획된 행동을 선택Selection하는 것이다. 행동 계획은 상황에 따라, 또 각자의 여건에 따라 달라진다. 중요한 것은 시뮬레이션을 통해 사전에 행동 대안들을 준비하고, 선택 단계에서는 준비된 대안 중 한 가지를 택해야 한다는 점이다.

다음 단계는 처음의 시뮬레이션 단계로 되돌아가는 것이다. 순환을 거치면 처음보다 더욱 생생하고 자세하게 시뮬레이션할 수 있게 된다. 방아쇠 격발과 하이드의 등장 상황을 더욱 구체적으로 그려볼 수 있는 것이다. 맨 처음에는 순식간에 스쳐가는 하이드를 놓쳤을지라도 리턴매치에서는 하이드를 관찰할 가능성이 더욱 높아진다. 그리고 이 과정이 반복될수록 선택해야 할 행동 대안도 더욱 구체적으로 평가할 수 있게 된다.

이런 순환 과정이 되풀이될수록 의지력 연습은 보다 수월하게 이루어지며, 각 단계 수행은 보다 자동화된다. 예전보다 적은 에너지를 투입하고도 각 단계를 더욱 성공적으로 마칠 수 있다. 최초 순환 과정에서 거둔 작은 성공은 향후 순환 과정을 더욱 촉진한다. 또한 초기의 작은 성공은 점점 더 확장된 큰 성공을 가져올 것이다.

SOS 모형을 꾸준히 실천하면 분명 의지력 향상이 가능하다. 단 SOS 모형을 구체적으로 적용할 때 다음 두 가지 사항을 명심해야 한다.

첫째, 의지력 연습의 원대한 취지를 이해하고 큰 포부를 가져야 한다. 금연이나 다이어트는 단순히 담배를 끊거나 살을 빼는 행위 이상을 의미한다. 금연이나 다이어트에 도전하는 당신은 20만 년 진화의 기술을 자신의 세대에 더욱 촉진하고자 노력하는 사람이다. 따라서 단순하게 담배를 끊겠다거나 살을 빼겠다고만 생각해서는 안 된다. 당신은 관찰과 시뮬레이션의 촉진이라는 진화의 위대한 주제와 함께하고 있다. 비록 히말라야 설산에 앉아 있지는 않지만 티베트 고승의 명상 수행을 삶의 현장에서 실천하고 있는 셈이다. 그러니 자기 절제에 도전하는 사람은 반드시 큰 포부를 가져야 한다.

원대한 취지와 대범한 포부는 금연이나 다이어트 과정에서 불가피하게 발생하는 실패의 고통으로부터 당신을 보호해줄 것이다. 그리고 당신의 지속적인 노력을 북돋워줄 것이다. 위대한 이상 앞에 작은 실패는 더 이상 장애물이 아니다.

둘째, 개별 기법이 아니라 SOS 모형에 내포된 의지력의 본질에 주목해야 한다. 의지력의 본질을 이해한다면 자신에게 맞는 특정 기법을 쉽게 찾을 수도 있고, 자신만의 방법을 개발할 수도 있다. 그러나 본질에 대한 이해 없이 특정 기법에만 치중하면 의지력 향상의 장기 레이스를 완주하지 못할 가능성이 높다. 개별 기법의 단기적이고 낮은 성과는 당신을 쉽게 지치게 만들고, 중도 포기를 유도하기 일쑤이다. 그러므로 꾸준하게 장기적으로 노력하기 위해서는 이 책에서 계속 강조했던 의지력의 본질을 반드시 이해해야 한다. 그것만이 당신을 의지력의 길로 안내할 것이다.

금연의 경우

낮은 금연 성공률은 금연의 어려움을 웅변한다. 그래서 애
초에 담배를 피우지 않는 것이 최선이다. 흡연을 경험하면 우
리 뇌는 니코틴중독의 늪에 빠진다. 담배의 니코틴 성분은 뇌
에서 쾌락을 담당하는 보수계 신경을 자극해 '도파민'이라는
신경전달물질을 분비시킨다. 도파민은 우리에게 쾌감을 선사
한다.[4]

이제 니코틴만 있으면 뇌는 아무런 노력 없이 쾌락을 맛볼
수 있다. 그렇게 우리는 니코틴에 길들여진다. 그러나 담배를
끊으면 니코틴이 만들어내는 도파민은 더 이상 분비되지 않는

다. 인위적인 쾌락도 없어진다. 다급해진 뇌는 무슨 수를 써서라도 니코틴을 찾도록 우리를 내몬다. 이것이 바로 금단증세이다.

성공률이 낮기는 하지만 금연에 성공한 주위 사람들을 보면 분명 금연이 불가능한 목표는 아니다. 알고 보면 낮은 성공률도 의지력의 본질에 대한 이해 없이 단기간에 걸친 단편적인 노력이 가져온 초라한 결과일 뿐이다. 진정한 금연 성공을 위해서는 생각과 방법을 달리해야 한다.

지금부터 SOS 모형을 활용한 금연 방법을 소개하고자 한다. SOS 모형에 따른 금연 방법은 굳은 결심으로 단 한 번에 거두는 성공을 추구하지 않으며, 오히려 몇 번에 걸친 실패를 전제로 한다. 이 방법은 수차례에 걸쳐 금연에 실패하더라도 금연 성공 기간을 점차 늘려 최종적으로 완전한 금연에 도달하는 것을 목표로 하는 '점진적 금연법'이다.

점진적 금연법에서는 몇 차례의 실패를 전제하므로, 최초 금연 시에 지금부터 영원히 담배를 피우지 않겠다고 맹세하지 않아도 된다. 보통 흡연자는 이런 금연 맹세 자체에 엄청난 압박감을 느낀다. 이런 압박감이 싫어서 많은 흡연자들이 금연을 아예 시도조차 하지 않는다.

이런 압박감은 금연 과정에도 엄청나게 부정적인 영향을 미친다. 금연을 처음 시도하는 사람은 초기에 금단의 고통에 시달릴 수밖에 없다. 이때 더 이상 담배를 피울 수 없다는 생각은 지금 느끼는 금단의 고통이 영원히 계속될 것 같은 공포로 이어진다. 괴로움에 지친 그는 차라리 중도에 그만두는 편이 낫겠다고 생각하기에 이른다. 스스로의 맹세는 물거품이 되겠지만, 불명예가 영원한 금단의 고통보다는 낫다고 느끼는 것이다.

이와 달리 점진적 금연법에서는 자신이 사전에 정한 약정 기간 동안만 담배를 피우지 않도록 노력하면 된다. 약정 기간이 지나면 자신의 선택에 따라 다시 담배를 피울 수도 있고, 금연을 유지할 수도 있다. 이렇게 하면 금연 시도가 그리 어렵지 않아진다. 또 영원히 금연을 맹세하지 않고 자신이 정한 기간까지만 금연을 약속했으므로, 그동안의 금연 가능성은 오히려 높아질 수 있다.

이제 구체적인 실천 방법을 살펴보자. 먼저 당신은 스스로 예상하는 금연 기간을 설정해야 한다. 예를 들어 당신이 현재의 의지력으로 사흘 정도 금연할 수 있다고 예상한다면, 바로 이를 '금연 약정 기간'으로 설정한다. 금연 약정 기간 동안에는 금연을 실천해야 한다. 그리고 또 그동안 반드시 해야 할 일이 있다. 바로 '관찰'하고 '기록'하는 것이다. 당신은 내면에서 벌어지는 지킬 박사와 하이드의 주도권 쟁탈전을 관찰하고 기록해야 한다. 관찰은 마음속으로도 수행할 수 있지만 글쓰기와 병행하면 효과가 더욱 높다. 금연을 시도해본 사람은 알겠지만, 금연 초기 금단증세의 고통은 이루 말로 다 표현하기 어렵다. 초조하고 불안하며 허전하기 그지없다. 신경이 예민해지고 다른 일에 집중하기 어렵다. 담배를 끊으려고 애쓰는 자신이 너무 초라하게 느껴지기도 한다. 금단증세가 무엇이든 금연 약정 기간 동안 당신이 느끼는 내면의 갈등을 반드시 기록해야 한다. 그리고 하이드의 등장을 촉발하는 방아쇠 사건도 글로 옮겨야 한다. 별도의 글쓰기 형식은 없다. 정해진 기록 주기도 없다. 그냥 생각날 때마다 기록하면 된다. 멋진 글씨로 명문을 쓰려고 하지 마라. 오히려 급하게 휘갈긴 간단한 메모나 낙서가 가장 좋은 방법이다.

약정 기간 동안 금연에 성공했다면, 다시 다음 약정 기간을 정하고 금연을 연장하면 된다. 새로운 약정 기간 동안에도 관찰과 기록은 여전히 필수 사항이다.

만약 약정 기간이 다하기 전에 도저히 참을 수 없거나, 약정 기간 동안은 그럭저럭 버텼지만 그 이후에는 견딜 수 없다면 담배를 피워도 된다. 그러나 중도 흡연에는 전제 조건이 있다. 담배를 피우기 바로 직전에 발생하는, 담배를 향한 당신의 열렬한 갈망을 기록하는 일이다. 담배 한 대만 피울 수 있다면 다른 소원이 없겠다고, 내가 왜 이런 고통 속에 허우적대고 있는지 모르겠다고 고백해도 좋다. 자신의 의지박약을 한탄해도 좋다. 그 감정이 무엇이든 글로 남겨야 한다. 그렇게 담배를 피운 뒤에는 담배를 피우는 동안 느꼈던 감정의 변화를 다시 기록해야 한다. 첫 모금의 환희도 좋고, 두 번째 모금부터 찾아오는 좌절감도 좋다. 어떤 감정이든 상관없다. 중요한 것은 기록하는 행위이다. 다시 한 번 강조하지만 별도의 글쓰기 형식은 없다. 간단한 메모나 낙서가 더 생생한 관찰 기록이다. 이제 금연 과정은 처음으로 돌아왔다. 당신은 다시 약정 기간을 정하고 금연을 시도하면 된다.

금연은 한 번에 성공하기 어렵다. 단번에 담배를 끊어야 한다는 강박은 금연 의지를 강화하기보다는 금연 시도 자체를 막는 역효과를 초래한다. 금연 초기에 한두 번 담배를 피웠다고 해서 금연에 완전히 실패했다는 잘못된 생각은 재시도를 원천적으로 막아버리는 문제점을 야기한다. 다시 강조하지만 우리는 하이드를 통제할 수 없다. 금연 기간 동안에도 도저히 못 견디겠다면 담배를 피워도 된다. 다만 무작정 피워서는 안 된다는 것이다. 담배를 피우기 전후의 마음 상태를 정확히 관찰하고 기록해야 한다.

금연의 고통이 최고조에 달하는 순간 담배를 향한 걷잡을 수 없는 열망이 소용돌이친다. 그러나 그렇게 갈망하던 욕구도 첫 한 모금만 들이마시고 나면 금세 허무함으로 바뀌게 마련이다. 니코틴이 불러온 도파민의 행복도 두 번째 모금부터는 잘 느껴지지 않는다. 정말 별것도 아닌 그 한 모금을 위해 왜 그토록 몸부림쳤는지 허무하기 이를 데 없어진다. 이러한 마음의 변화를 잘 관찰하고 기록해야 한다.

관찰과 기록에도 불구하고 다시 금연에 돌입하면 반복되는 금단의 고통에 허우적거리게 된다. 다시금 금연의 고통이 극대화되는 순간 방아쇠가 당겨지고 하이드가 등장할 것이다. 진실의 순간을 또다시 마주할 때, 당신은 어떻게 할 것인가? 여전히 선택은 당신의 몫이다. 시치미 뚝 떼고 다시 흡연자의 대열에 합류할 수도 있다. 아니면 금연의 길을 묵묵히 걸어갈 수도 있다. 또는 담배 한 모금을 피우고, 완전한 금연에 이를 때까지 관찰과 기록을 다시 반복할 수도 있다.

설사 다시 담배를 피우더라도, 관찰과 기록이 이루어진다면 당신은 이제 흡연 욕구가 그리 대단한 것이 아니라는 사실을 점차 인식하게 된다. **담배를 피우면 한 모금의 짧은 쾌락과 긴 허무감이 반복되리라는 사실을 깨닫는 것이다. 담배를 향한 격정적인 열망도 다 지나가는 삶의 한순간임을 이해하게 된다. 금연은 당신에게 전보다 훨씬 수월한 과제로 다가올 것이다.**

관찰과 시뮬레이션을 통해 담배를 끊은 사람은 쉽게 다시 담배를 집지 않는다. 흡연 욕구를 억지로 참지 않기 때문이다. 이들은 니코틴이 만들어내는 도파민의 쾌락이 얼마나 달콤한지 알지만, 그 쾌락이 그리 대단치 않으며 금연 뒤의 건강한 삶이 주는 가치가 그 쾌락보다 더 크다는 사실 또한 잘 알고 있다. 이들의 큰 마음 상자 속에서 흡연 욕구는 거의 무시해도 좋을 만큼 아주 작다. 이제는 특별히 노력하지 않아도 신경 쓰이거나 성가시지 않을 정도이다.

다른 자기 절제와 마찬가지로 금연을 실천할 때도 다음 두 가지 사항에 주의해야 한다. 첫째, 금연을 시도하는 사람은 완전한 금연 목표에 도달할 때까지의 기간을 고민해야 한다. 금연을 계획하는 사람들은 대부분 그 순간부터 영원히 담배를 끊겠다고 결심한다. 기간이나 실천 방법에 대한 고민 없이 굳은 결의만 가득한 채로 말이다. 그러나 막연한 결의는 결코 오래가지 못한다. 지킬 박사는 그리 신뢰할 만한 동반자가 아니다. 우리는 쉽게 지치기 마련이다. 따라서 담배를 끊고 싶다면 완전한 금연에 이르기까지 충분한 기간을 설정해야 한다.

앞서 살펴보았듯이 이러한 목표 기간 설정은 중도 실패에 따른 포기로부터 당신을 보호하는 역할을 한다. 장기간에 걸친 목표 기간 중에 불가피하게 담배를 피우더라도 이는 영원한 금연 실패를 의미하지는 않는다. 당신은 여전히 목표 달성을 향해 나아가는 중이다. 한두 번 실수는 병가지상사兵家之常事다. 중요한 것은 다시 금연을 시도하는 것이고, 끊임없이 관찰과 시뮬레이션을 반복하는 것이다.

둘째, 실패에 따른 자기 비하에서 벗어나야 한다. 금연이 작심삼일로 끝나는 건 당연하다. 애초에 사흘 만에 성공할 수 있는 일이 아니기 때문이다. 사흘 만에 다시 담배를 피웠다고 절대 스스로를 비난하지 마라. 실패는 우리의 자질 부족 때문이 아니다. 실패는 관찰과 시뮬레이션 능력의 부족 탓이며, 이마저도 연습이 부족한 탓이다. 핵심은 자질이 아닌 숙련도이다.

다이어트의 경우

관찰과 시뮬레이션에 따라 금연에 도달한 사람들은 이후에도 큰 노력을 들이지 않고 비교적 수월하게 금연 상태를 유지할 수 있다. 그러나 다이어트는 금연과 완전히 다른 차원의 과제이다. 담배와 달리 음식이라는 유혹은 우리의 일상 공간에서 늘 함께하며, 그만큼 뿌리치기 힘들기 때문이다. 식이요법 이외의 방법으로 다이어트에 성공했더라도 음식을 많이 먹으면 다시 살이 찐다. 따라서 비식이요법 다이어트 성공자도 그 상태를 유지하려면 식이 조절이라는 어려운 과제를 해결해야한다. 하물며 식이요법으로 다이어트에 성공했다면 문제는 더욱 심각하다. 음식의 유혹을 멀리해서 일시적으로 성공을 거두었다고 해도 그 유혹에서 영원히 멀어질 수는 없다. 자기 절제 영역에서 다이어트는 금연보다 훨씬 더 난이도가 높다.

그러므로 지속적인 노력 없이 영원한 다이어트 성공은 없다. 다이어트 성공 후에 찾아오는 요요 현상은 일종의 숙명이다. 다이어트에 성공한 몸 상태를 유지하고 싶다면, 그 과정을 평생 지속해야 한다. 이는 다이어트를 시도하려는 사람들이 명심해야 할 점이다.

그러나 너무 두려워할 필요는 없다. 관찰과 시뮬레이션으로 자기 절제를 시도한다면 다이어트는 우리 삶의 일부가 될 수 있다. 관찰과 시뮬레이션에 익숙해지면, 처음 다이어트를 시도할 때처럼 엄청난 에너지를 투자하지 않아도 점차 순조롭게 몸을 유지할 수 있다.

다이어트 방법은 크게 식이요법 및 운동을 포함한 비식이요법으로 구분할 수 있다. 식이요법만 해도 섭취하는 음식량을 조절하여 열량을 관리하는 방법, 음식 섭취 주기를 조절하여 열량을 관리하는 방법(예컨대 1일 1식 다이어트), 섭취하는 영양성분에 초점을 맞추는 방법(예컨대 고기만 먹는 황제 다이어트), 정상적인 식사를 대체하는 식품이나 약을 복용하는 방법 등

그야말로 수백 수천 가지에 이른다. 각 다이어트 방법의 장단점과 효과는 이 책의 주제를 벗어나므로 논외로 하고, 여기서는 SOS 모형을 적용하여 기존 식습관보다 섭취 열량을 줄이는 방법에 대해 살펴보기로 한다.

이 다이어트 방법은 정상적인 식사생활을 전제로 한다. 의도적인 절식이나 금식은 금물이다. 대신 평균적인 식사량을 기존보다 줄여야 한다. 적정 감소 비율은 건강에 무리가 가지 않는 범위 내에서 시행착오를 통해 스스로 체득할 수 있다. 평균적인 식사량을 줄이는 가장 현실적이고 손쉬운 방법은, 밥을 비롯해 해당 식사의 주된 음식을 조금씩 덜 먹는 것이다. 이 경우 전체적인 음식 섭취량도 비례해 감소한다.

규칙적인 시간에 먹는 식습관도 매우 중요하며, 특히 늦은 밤 시간에는 반드시 음식 섭취를 삼가야 한다. 이 다이어트 방법은 평균적인 섭취 열량을 점차 줄여나가므로 과도한 절식이나 금식으로 건강을 해칠 염려가 없고, 금전적인 부담도 없다. 그리고 무엇보다 평생 수행할 수 있는 다이어트 방법은 오로지 이것뿐이다.

다이어트를 계획한다면 당신이 처음 할 일은 다음 식사 상황을 시뮬레이션하는 것이다. 보통 우리는 아무 생각 없이 밥을 먹는다. 아무 생각이 없다는 표현이 자극적일 수 있지만 정말 글자 그대로다. 그냥 열심히 밥을 먹는다. 그러나 이런 식습관으로는 식탐의 하이드를 관찰할 수가 없다. 이때 우리는 하이드가 조종하는 대로 움직이는 좀비이다. 실컷 음식을 먹은 뒤 극심한 포만감이 우울로 바뀔 때쯤에야 우리는 하이드가 다녀갔음을 알게 된다.

그러나 이제 우리는 시뮬레이션을 할 수 있다. 일단 자리에 앉으면 최대한 즐겁게 식사를 하겠다고 마음먹어야 한다. 우리는 그냥 음식을 입안으로 집어넣는 것이 아니다. 우리의 식사는 소중한 한 끼를 충분히 감상하고 음미하는 신성한 절차이다.

그리고 절대로 음식을 향해 바로 돌진해서는 안 된다. 하이드를 관찰하려면 최대한 천천히 먹어야 한다. 젓가락만으로 밥을 먹거나, 집에서 혼자 식사할 때는 티스푼으로도 먹어보라. 식사 속도를 늦출 때, 많은 변화를 경험할 수 있다. 다이어트 초기에는 밥의 반을 덜어내고 남은 밥을 천천히 먹되, 정 모자라면 그때 나머지 반을 먹는 게 좋다. 이 방법은 식사 속도를 늦출 뿐만 아니라 밥을 많이 먹는 자동화된 습관을 개선하는 데 큰 도움이 된다. 요즘은 누구나 천천히 식사하는 습관이 포만감을 느끼는 데 도움이 된다는 사실을 알고 있다. 당연히 맞는 말이다. 급하게 먹으면 하이드의 등장을 알아차릴 기회가 전혀 없다.

그러나 시뮬레이션과 달리 실제 식사 상황은 완전히 다르게 흘러갈 가능성도 많다. 걱정이나 고민거리를 떠안은 채 식사를 하거나, 식사 내내 업무 생각이 머리를 떠나지 않거나, 함께 식사하는 사람들과 다른 주제에 대해 열띤 토론을 하는 경우 당초의 시뮬레이션이 관여할 틈이 없을 수도 있다. 이 경우에 시뮬레이션은 별 도움이 되지 않는다. 그러나 한 번에 성공하지 못하는 걸 당연하다고 생각해야 한다. 인생은 반복된다. 어김없이 식사 시간은 다시 찾아온다. 다시 시뮬레이션하고, 다시 관찰하고, 다시 선택하면 된다. SOS 모형을 지속적으로 반복하면 현실의 예상치 못한 환경에 부딪히더라도 시뮬레이션을 통해 정한 행동 계획을 실행할 가능성은 점차 높아질 것이다.

금연과 달리 다이어트는 시뮬레이션에서 고려할 수 있는 대안이 매우 다양하다. 다이어트를 할 때는 이 점을 충분히 이해하고 융통성을 잘 발휘해야 한다.

다이어트 초기의 가장 큰 어려움은 섭취 열량의 감소에 따른 익숙지 않은 공복감이다. 적게 먹다보면, 실제로는 편안한 상태이지만 그동안 포만감에 익숙해진 탓에, 늦은 밤 시간에 급격한 공복감을 느끼며 괴로워할 수도 있다. 그때는 정말 허기가 저벅저벅 걸어와 문을 두드리는 듯할 것이다. 그래도 이제 하이드가 보이기는 한다. 물론 대응하기가 쉽지는 않지만 말이다.

이 순간에 우리는 다양한 대안이 존재함을 상기해야 한다. 냉장고 문을 활짝 열어젖히고 한 양푼 가득 밥을 비벼 먹을 수도 있지만, 타협안으로 허기만 면할 만큼 가벼운 요기를 할 수도 있다. 극심한 공복감도 무절제한 포만감 이외의 다양한 방법으로 관리할 수 있다. 폭식하지 않고도 상황을 슬기롭게 모면할 수 있다. 탄력적인 생각으로 다양한 대안을 찾아보라. 상황이 반복되면 극심한 공복감은 어느새 익숙한 편안함으로 바뀐다.

다이어트를 결심했는데 뷔페식당에 가야 한다면 얼마나 난감한가? 대개 뷔페에 가면 폭식으로 아예 다이어트를 포기하는 경우가 많다. 그러나 탄력적인 사고는 이럴 때도 빛을 발한다. 유연하게 생각해보라. 자신이 좋아하는 특정 음식만 맛있게 먹는 것도 하나의 해결책이고, 오늘은 뷔페에서 실컷 먹고 내일부터 다시 다이어트를 실천하는 것도 좋은 전략이다. 중요한 것은 꾸준히 관찰과 시뮬레이션을 할 수 있는지 여부이다. SOS 모형에서 한 번의 과식이나 한 번의 절식은 별 의미가 없다. 자기 절제는 단판 승부로 결정되지 않는다.

8장

그래도 쉽지 않다

근시안의 한계

관찰과 시뮬레이션이라는 의지력의 본질을 이해하는 것은 의지력 향상을 위해 반드시 필요한 선행 요건이다. 그러나 아는 것과 행하는 것이 다르듯 의지력의 본질을 이해하더라도 의지력을 실천하는 일은 별개의 문제이다. 그리고 대개 이해보다는 실천이 더 어렵다.

이 장에서는 실제로 의지력을 연습하는 과정에서 발생할 수 있는 어려움에 대해 설명하고자 한다. 7장에서 이미 언급하여 중복되는 부분이 있더라도, 그 중요성을 감안하여 다시 한 번 강조하는 것이다.

자기계발서에 등장하는 성공한 사람들은 아주 먼 미래의 자기 모습을 구체적으로 상상하면서 장기적인 인생 계획을 세웠다고 한결같이 말한다. 그러나 대다수 사람들은 장기적인 인생 계획을 수립하는 데 능숙하지 못하다. 10년 뒤나 아니면 더 멀리 30년 뒤의 내 모습은 너무 막연해 구체적으로 다가오지 않는다. 인생 계획뿐만 아니라 어떤 목표를 장기적으로 수립하는 것은 매우 어려운 일이다. 우리 상상력은 원래부터 근시안이다. 당신이 세워본 계획 중에서 가장 긴 기간은 얼마나 되는가?

미국 버몬트 주 벌링턴에 있는 약물중독자 치료센터에서 이루어진 미래 인식 실험은 우리의 근시안적 한계와 관련된 흥미로운 결과를 보여준다. 가까운 미래에 대한 인식을 조사한 결과, 평범한 일반인들로 구성된 실험 집단은 보통 일주일가량을 가까운 미래라고 인식했다. 그러나 헤로인중독자에게 가까운 미래란 한 시간 정도에 불과했다. 한편 일반인 실험 집단은 직장생활에서 약 4년 반 정도를 장기적 미래로 생각했지만, 전형적인 약물중독자들에게 먼 미래란 9일 남짓에 지나지 않았다.[1] 비정상적인 약물중독자들의 먼 미래는 정상인들이 볼 때 턱없이 짧기만 하다. 그렇지만 보통 사람들이 생각하는 먼 미래도 그리 긴 것은 아니다.

미래 추정에서 우리가 보이는 근시안적 한계는 어쩌면 당연한 것인지도 모른다. 우리 삶의 대부분을 지배하는 무의식은 지금 당장의 욕구나 정서에만 집중한다. 언제 죽을지 모르며, 당장의 생존과 번식이 지상 최대의 과제인 호모사피엔스에게 먼 미래는 불필요한 사치일 따름이다. 하이드에게 미래는 완전히 남의 일이다.

그러나 자기 절제에 성공하기 위해서 근시안적 한계는 반드시 극복해야 할 과제다. 아주 짧은 시간 내에 금연이 가능하리라 생각한다면, 이는 환상이며 대단한 착오이다. 지킬 박사의 취약한 능력과 하이드의 강력한 힘을 이해하지 못한 근거 없는 희망에 불과하다. 자기 절제에는 반드시 일정한 시간이 필요하고, 그 시간 동안 몇 번의 실패는 불가피하다. '실패는 성공의 어머니'라는 진부한 격언이 자기 절제 영역에서는 무조건 옳다. 실패하는 횟수가 늘어날수록 성공 확률도 점점 높아진다. 따라서 실패했다고 절대 포기하지 말아야 하며, 중도 포기를 방지하기 위해서는 목표 기간 설정에 상당한 유연성이 필요하다.

다이어트 성공을 위해서도 근시안적 한계에서 벗어나야 한다. 관찰과 시뮬레이션을 통한 다이어트에는 시행착오를 감안한 일정한 시간이 반드시 필요하다. 더군다나 우리 신체가 기존 상태를 유지하려는 항상성恒常性 때문에 다이어트 초기의 일정 기간 동안에는 체중 감량이 전혀 발생하지 않는다. 내가 다이어트를 하는 게 맞는지 의심할 정도로 체중 변화가 없다. 그러다 일정 시간이 지나면 그제야 체중 감량 효과가 나타난다. 따라서 다이어트 목표 기간을 장기간으로 설정해야 한다. 그리고 장기간에 걸쳐 서서히 성공한 다이어트야말로 평생에 걸쳐 유지할 수 있는 진정한 다이어트다. 단시간 내에 성공한 다이어트는 모두 일회용에 불과하다.

다이어트 유지는 '평생'이라는, 그야말로 장기적인 관점에서 접근해야 한다. 요요 현상 없는 다이어트는 모두 가짜다. 평생에 걸쳐 노력하지 않고는 다이어트 뒤의 몸 상태를 유지할 수 없다. 따라서 다이어트를 자신의 삶에 얼마나 자연스럽게 녹일 것인지가 다이어트 성공의 가장 중요한 관건이다. 이미 삶의 한 방식이 된 다이어트는 그리 힘들이지 않아도 수월하게 유지할 수 있다. 쉽지는 않겠지만 그렇다고 불가능한 목표는 아니다. 우리는 모두 그렇게 진화해왔다.

이분법의 한계

　우리는 스펙트럼식의 사고방식보다는 이분법적 사고방식에 익숙하다. 성공과 실패, 선과 악, 진보와 보수 등 우리는 세상을 간단하게 두 가지 범주로 구분한다. 이분법적 사고방식은 많은 인지적 노력을 들이지 않고도 대상의 주요한 특성을 빨리 파악하는 데 유용하다.

　그러나 의지력 영역에서 이분법적 사고는 장점보다 단점이 더 크다. 만약 의지력을 발휘하려고 노력한 결과를 실패와 성공이라는 이분법으로만 평가한다면, 우리는 중도에 발생한 일시적인 실패를 최종적인 실패로 받아들일 가능성이 높다. 그러나 다시 시도하는 한, 의지력 영역에서 최종적인 실패란 없다. 금연 중에 담배 한 모금 피웠다고 완전히 망쳐버렸다고 생각하는 것은 명백한 오류이다. 뷔페에서 한 번 과식했다고 다이어트가 물 건너갔다고 생각하는 것도 마찬가지다. 우리는 다시 금연하고 다시 다이어트를 시작할 수 있다. 당신의 작은 실수를 극단적인 실패로 규정하지 않으면 된다. 당신이 다시 시도하는 한, 기존의 실패는 더 이상 실패가 아니다. 그것은 미래의 성공을 위한 밑거름이다.

에너지의 한계

관찰과 시뮬레이션으로 의지력을 꾸준히 연습하면 분명 효과를 경험할 수 있다. 그러나 그것을 알면서도 정작 실천하지 않으면 아무런 소용이 없다. 아무리 SOS 모형이 그럴듯해 보여도 실천하지 않으면 그냥 모형일 뿐이다.

문제는 실천이 대단히 어렵다는 것이다. 우리의 에너지는 한정되어 있는데 해야 할 일은 넘치고, 별다른 의지력 없이도 삶은 또 그럭저럭 흘러간다. 따라서 의지력 연습을 위해서는 추가 전략이 필요하다. 자신의 삶을 영위하는 에너지가 주로 어느 곳에 사용되는지를 잘 살펴보라. 그런 다음 에너지 재

분배 전략을 실행해야 한다. 의지력 연습에 할당할 여분의 에너지를 확보하고 관리해야 한다. 자신이 판단하기에 중요성이 떨어지는 활동을 줄이고, 그 에너지를 의지력 연습에 사용하는 것이다. 더불어 어떤 목표를 이루고자 하는 열망이 강할수록 실천 가능성도 높아진다. 예를 들어 의식적으로 금연 또는 다이어트에 대해 자주 생각해보고, 주변 사람들과 많이 대화해보는 것도 실천을 위한 좋은 방법이다.

다시 의지력을 생각하다

지금까지 의지력의 본질과 이를 활용한 의지력 향상 방법에 대해 살펴보았다. 다시 한 번 강조하지만 의지력을 굳은 마음 정도라고 생각해서는 의지력의 본질에 다가가기 어렵다. 만족 지연 능력과 할인율 개념도 의지력 부족이라는 현상을 되풀이하여 설명할 뿐 의지력의 본질은 아니다.

의지력은 그보다 더 심오한 주제이다. 의지력은 무의식의 발화를 관찰하고 미래를 시뮬레이션하는 전두엽과 관련 뇌 영역의 뉴런 활동이다. 의지력은 오늘날 우리를 존재하게 한 의식의 진화 그 자체이다.

우리는 의식이 진화해온 길을 따라 의지력을 향상시킬 수 있다. 물론 20만 년간 자연스럽게 이루어진 여러 세대 간 진화를 자신의 세대 내에서 인위적으로 촉진하는 일이므로, 분명 쉬운 과제는 아니다. 그러나 불가능하지만도 않다. 우리 모두는 의지력 진화의 살아 있는 증거이다.

의지력 향상에 주술사의 마법은 없다. 진화가 지나온 길, 끊임없이 무의식의 발화를 관찰하고 대안을 시뮬레이션하는 것이 유일한 방법이다. 관찰과 시뮬레이션 없는 의지력 향상은 모래 위의 누각이다. 내적 욕구를 통제하려는 시도는 자기 비하라는 우울한 그림자를 드리울 뿐이다. 우리는 관찰과 시뮬레이션으로 통제 강박을 뛰어넘어야 한다.

의지력에 대한 인식도 바꿀 필요가 있다. 의지력은 내재적 자질만이 아니다. 의지력은 연습을 통해 후천적으로 습득할 수 있다. '의지박약'은 '의지력 미숙'의 오해일 뿐이다. 우리는 [그림 4]와 같이 통제에서 관찰과 시뮬레이션으로, 내재된 자질에서 습득 가능한 기술로 의지력에 대한 인식을 바꿔야 한다.

의지력은 관찰과 시뮬레이션이 핵심 요소인 SOS Simulation-Observation-Selection 모형으로 연습할 수 있다. 그러나 SOS 모형은 의지력 연습을 위한 큰 틀을 제공할 뿐이다. 관찰과 시뮬

[그림 4] 의지력 인식의 전환

구 분		내적 욕구에 대한 대응 방식	
		통제	관찰/시뮬레이션
의지력을 바라보는 시각	내재된 자질	현재의 인식 영역	
	습득 가능한 기술		새로운 인식 영역

레이션에 기초했다면 어떤 방법도 효과가 있다. SOS 모형을 응용하여 자신만의 독특한 기법을 개발해도 된다. 다시 한 번 말하지만 핵심은 인식의 전환과 본질의 이해이다. 그런 뒤에 구체적인 적용 방법은 자연스럽게 탐색할 수 있다.

의지력은 단순히 개인의 자기 절제에 국한되지 않는, 인류의 진화와 관련된 주제이다. 저명한 사회생물학자 에드워드 윌슨은 『지구의 정복자』라는 책을 통해 우리 자신을 탐구하고자 했다. 프랑스 화가 폴 고갱이 우리에게 던진 근본적인 질문에 답을 찾고자 한 것이다. 그 질문은 다음과 같다. "우리는 어디서 왔는가, 우리는 무엇인가, 우리는 어디로 가는가."[1] (폴 고갱이 타히티에서 그린 한 작품의 제목이다.) 어쩌면 의지력 연습도 살아가면서 누구나 한 번쯤은 던져보았을 바로 그 원대한 질문에 대한 답을 찾는 과정일지 모른다.

이제 마칠 시간이다. 처음으로 돌아가 다시 한 번 질문을 반복해보자. 인생의 마시멜로 테스트에서 당신은 두 개의 마시멜로를 얻기 위해 기다릴 수 있는가? 아니면 당장 종을 울리고 달콤한 마시멜로 한 개를 바로 먹고 말 것인가?

이제 선택은 바로 당신의 몫이다.

뇌의 진화 및 의지력을 담당하는 뇌 영역

뇌의 삼위일체론에 따르면 우리 뇌는 '생명의 뇌'(또는 '파충류의 뇌'), '감정의 뇌'(또는 '포유류의 뇌'), 그다음 '이성의 뇌'(또는 '인간의 뇌') 순서로 진화했다.

생명의 뇌는 뇌간과 소뇌로 구성되어 있으며 호흡, 심장박동, 혈압 조절처럼 생명 유지에 필요한 기능을 담당한다. 감정의 뇌는 위아래 정보 전달의 중간 정거장 역할을 하며 감정 기능을 담당한다. 감정의 뇌에 있는 변연계는 기억과 감정 그리고 호르몬을 조절한다. 변연계에는 해마와 편도핵이 속해 있고, 이 덕분에 우리는 학습하고 기억할 수 있다. 이 밖에도 변연계에는 호르몬을 조절하는 시상하부와 뇌하수체가 포함된다. 시상하부는 물질대사 및 체온과 수면을 조절하며, 우리 몸의 호르몬 생산 공장인 뇌하수체를 조절한다.[1]

이성의 뇌는 대뇌피질을 말하며, 의지력을 관장하는 전두엽이 여기에 속한다. 전두엽은 우리 뇌의 앞부분에 해당하는 넓은 영역이다. 심리학자와 뇌과학자들은 전두엽 영역 중에서 의지력을 관장하는 특정 부위와 뇌세포(뉴런)를 찾으려 노력하고 있다. 또 뇌과학자들은 의지력과 관련된 뇌 뉴런의 연결에 대해서도 탐구하고 있다.

그럼 심리학 및 뇌과학 책에서 소개하는, 의지력과 관련된 전두엽의 세부 영역과 다른 뇌 영역에 대해 살펴보자. 배경지식이 없다면 전문용어가 많이 등장해 난해하게 느낄 수 있지만, 이 책의 바탕이 된 최신 연구 결과들을 두루 살펴보는 데 도움이 될 것이다. 전문적인 내용을 왜곡 없이 전달하기 위해 해당 부분을 직접 인용했으며, 더 관심이 있는 분들은 185쪽의 '더 읽을거리'를 참고하기 바란다.

먼저 이론물리학자 레너드 플로디노프 박사는 『"새로운" 무의식: 정신분석에서 뇌과학으로』라는 책에서 의지력을 담당하는 뇌 영역으로 전두엽의 전전두엽피질을 소개한다. "전전두엽이란 말 그대로 전두엽의 앞이라는 뜻이고, 실제로 전전두엽은 이마 바로 뒤에 있다. 인간성이 가장 뚜렷하게 드러나는 것은 바로 이 구조에서이다. 전전두엽피질은 목표에 따라서 생각과 행동을 계획하고 조정하며 의식적 사고와 인식과 감정을 통합하기 때문에, 전전두엽피질을 의식의 장소로 여기는 사람도 있다."[2]

대니얼 액스트는 『자기 절제 사회』에서 피니어스 게이지 사고와 연관된 뇌 영역 연구 결과를 자세하게 소개한다. 피니어스 게이지 사건과 관련이 있다는 뇌 영역은 "복내측 안와 전두피질, 배측면 전두엽 피질, 전대상 피질의 세 가지 두뇌회로이다. 변연계와 밀접하게 연관되어 있는 복내측 안와 전두피질에 손상을 입으면 근시안적으로 미래를 예측하고, 충동 조절이 제대로 되지 않으며, 주의 산만, 판단력 상실, 감정 조절 능력 상실 등의 결과를 낳는 경우가 많다. 피니어스 게이지를 비롯한 이 환자들은 옳고 그름을 판단할 수 있지만 그에 따라 자신의 행동을 이끌어가지는 못한다. 규칙과 예의를 무시하므로 다른 사람들은 이 불행한 사람들을 이기적이거나 철이 덜 들었다고 생각한다. 배측면 전두엽 피질이 손상된 환자들의 경우 결과와 의도를 비교하는 능력이 사라지거나 심각하게 손상되어 마치 환자의 상상에서 매우 중요한 측면이 산산이 조각 나버린 것과 같은 상태가 된다. 환자들은 주변의 영향을 받지 않고 고통에 무관심한 배측면증후군을 앓기도 한다. 전대상 피질의 손상은 강박신경증 장애와 정신분열증과 관련 있음이 밝혀졌는데, 이러한 증세들은 충동을 제대로 조절하지 못하는 특징을 보인다."[3]

다음으로 지금 당장의 만족과 유예된 더 큰 보상을 처리하는 뇌 영역에 대한 연구 결과를 살펴보자. "프린스턴 대학교의 신경과학자인 새뮤얼 매클루어 교수와 연구 팀은 사람들에게 5달러에서 40달러 사이의 다양한 금전적 보상을 하되, 그 지급 시기를 2주 후와 1개월 후로 달리하겠다고 제안한 뒤 그들의 머리를 fMRI로 조사했다. 과학자들은 여기서 세 가지 중요한 점을 알아냈다.

첫째, 즉각적인 보상을 얻는 경우, 중뇌 도파민계와 연결되어 있는 대외변연계의 활성화 정도가 현저하게 커졌다. 중뇌 도파민계는 잘 알려져 있다시피 약물중독이나 충동적 행동과 관련이 깊다.

둘째, 돈의 지불이 지연된 경우에는 '외측 전전두엽피질'과 '후두정엽피질'의 활성화 정도가 크게 증가했다. 그러므로 이 부위는 고도의 숙고 과정과 인지적 통제를 관장하는 것으로 알려지게 되었다.

셋째, 피험자들이 장기적인 지연을 선택했을 때는 오직 '전두두정엽' 부분에만 불이 들어왔다. 이 부위는 지연된다 하더라도 더 큰 보상이 주어지는 것을 평가하는 일과 관련이 있음을 보여주는 것이었다."[4]

"2010년 컬럼비아 대학교의 엘케 웨버와 번 피그너가 이끄는 또 다른 연구 집단이 유예된 보상을 선택하게 하는 특정 뇌 부위의 더 정확한 위치를 찾아냈다. 바로 좌측면 전전두피질이었다. 즉각적인 보상은 뜨겁고 자동적이며 반사적이고 무의식적인 변연계를 활성화한다. 변연계는 유예된 결과에는 거의 주목하지 않는다. 즉각적으로 원하는 것을 충족하고자 하고 유예된 보상은 어떤 것이든 그 가치를 '무시하거나' 급격히 축소시킨다. 이는 시각, 청각, 후각, 미각, 촉각에 의해 가동된다. 이와 대조적으로 유예된 보상은 차가운 억제 시스템을 활성화한다. 뇌의 전전두피질에 있는 이 부분 덕에 우리가 장기적인 결과를 고려할 수 있는 것이다."[5]

월터 미셸은 마시멜로 테스트와 관련된 뇌 영역 연구 결과를 다음과 같이 소개한다. "유아원 시절 마시멜로의 유혹에 더 잘 저항했고 이후의 삶에서도 강한 자제력을 일관되게 보여준 사람들의 전두엽선조체 뇌신경회로에서 높은 활동성이 나타났다. 전두엽선조체는 동기 부여 과정과 제어 과정을 통합하는 부위다. [다른 문헌을 살펴보면 전두엽선조체는 단일 부위가 아니라 제어 주체인 전두엽과 제어 대상인 선조체를 통합하여 지칭하는 말이다 —인용자] 마시멜로 테스트에서 오랜 시간 기다렸던 사람들은 효과적 문제 해결과 창의적 사고, 충동 행동 제어를 관장하는 전전두피질 부위가 상대적으로 더 활성화됐다. 이에 비해 기다리는 시간이 짧았던 사람들은 특히 감정적으로 뜨겁고 매혹적인 자극에 대한 반응을 제어하려고 애쓸 때 복측선조체 부위가 더 활성화됐다. 복측선조체는 뇌의 더 깊고 더 원시적인 부분에 있으며 욕망과 쾌락, 충동 등에 관계하는 부위다."[6]

의지력 SOS

리벳의 실험에 근거한
자유의지 부정에 대한 반론

　리벳 실험에 근거하여 자유의지를 부정하는 주장에 대해, 다른 학자들은 리벳 실험 자체의 문제점을 지적하며 그 결과도 다르게 해석해야 한다고 주장한다.

　서울대학교 박주용 교수는 우선 리벳 실험의 절차와 해석에 문제를 제기한다. 한 예로 시계판을 디지털로 바꾼 동일한 구조의 반복 실험에서는 다른 결과가 나왔다. 이는 리벳 시계로 측정한 인식 시점 자체가 부정확할 수 있다는 뜻이다.[1]

　리벳 실험에서 관찰된 준비전위의 타당성도 의심할 수 있다. 관련 연구에 따르면 어떤 움직임을 예상하거나 기대하는 경우에도 준비전위와 유사한 뇌파가 관찰된다. 움직임 자체가 없는 상황에서 뇌파가 나타난다면 준비전위는 실제 움직임의 충분조건이 아니다. 반대로 자발적으로 손가락을 움직여도 준비전위가 발생하지 않는다는 연구도 있다. 이 결과는 준비전위가 실제 움직임의 필요조건이 아님을 보여준다. 종합해보면 준비전위와 실제 움직임 사이에 어떠한 논리적 의존관계도 없을 경우, 준비전위가 손가락의 움직임을 결정한다는 주장 자체가 틀렸을 가능성이 높다.[2]

의도와 행동에 대한 인지과학적 발견들에 의해 리벳 실험의 오류가 지적되기도 한다. 의도는 의지에 대한 의도willed intention와 감각운동 의도sensory motor intention로 구분할 수 있다. 의지에 대한 의도는 배측외측 전전두피질 영역에서, 감각운동 의도는 두정엽 후방피질에서 담당하여 두 의도를 담당하는 뇌 영역이 서로 다르다는 것이 발견되었다. 리벳 실험에서 피험자들은 의지에 대한 의도가 아니라 정해진 움직임을 언제 실행할지를 결정하는 감각운동 의도를 측정했다. 따라서 감각운동 의도의 측정 결과로 의지에 대한 의도를 평가하는 리벳의 실험은 틀렸을 가능성이 있다.[3]

강원대학교 최훈 교수는 리벳 실험 구조의 오류를 지적하기도 한다. 리벳 실험에서 피실험자들은 지시에 따라 손가락을 구부렸다. 그런데 이 행동은 실험 목적을 수행한다는 점을 제외하고는 무의식적인 반복 행동에 불과하다. 결국 리벳 실험의 행동은 자유의지에 의한 행동이 아니거나, 그렇다고 하더라도 전형적이지 못한 퇴화된 자유의지 행동인 셈이다.[4] 따라서 리벳 실험의 손가락 움직임은 자유의지 유무를 판단할 수 있는 적절한 행동이 아니다.

준비전위 시점, 인식 시점, 행동 시점에 의도를 추가하여 리벳 실험 결과를 다르게 해석해야 한다는 멋진 아이디어도 있다. 역시 최훈 교수의 주장을 살펴보자. 손가락을 구부리려는 의도는 준비전위를 발생시킨다. 의도 시점과 준비전위 시점은 동시이다. 평소라면 의도 시점은 주목되지 않는다. 그런데 리벳 실험에서는 언제 손가락을 구부리려고 했는지, 즉 의도에 주목하라는 요구를 받는다. 이것이 바로 인식이다. 어떤 사건이 일어난 시간보다 그 사건이 일어났다고 보고하는 시간이 나중인 것은 당연하다.[5] 이러한 해석에 따르면 준비전위 시점보다 인식 시점이 나중인 것은 전혀 이상하지 않다. 자연스러운 사건의 진행 경과일 뿐이다. 의도 시점과 준비전위 시점이 동시이며, 단지 의도를 확인한 인식 시점의 차이를 놓고 자유의지를 부정하는 것은 오류이다.

과학철학자 대니얼 데닛도 리벳 실험으로 자유의지를 부정하는 것은 새로운 발견이 아니라 잘못 상상한 이론의 인위적 산물이라고 주장한다. 우리 뇌에 데카르트 극장으로 불리는 중앙통제본부는 없다. 우리 뇌에서는 보기, 듣기, 의사 결정, 동시성 판단이 한꺼번에 한자리에서 일어나지 않고 시간적, 공간적으로 분산되어 처리된다. 이 때문에 의도가 실행된 이후 이를 확인하는 인식에는 시간 지연이 발생할 수밖에 없다. 이러한 시간 지연이 우리 뇌의 동시성 판단 범위 밖이라면, 시간 차이가 발생한다고 인지하는 것은 당연하다.[6]

이왕 전문적인 내용들을 훑어본 김에, 손가락을 움직였다고 인식하는 우리의 의식에 대해 조금 더 살펴보자. 근대 철학의 아버지라 불리는 데카르트는 정신과 신체는 별개라는 심신이원론을 주장했다. 그는 우리 뇌 안에 생각을 관장하고 통제하는 별도의 관찰자(또 다른 표현으로 '기계 속의 유령')가 있으며, 왼쪽과 오른쪽에 하나씩 쌍으로 있지 않고 뇌 중앙에 오직 하나만 있는 기관인 송과선이 그 중추 영역으로 의식적인 마음에 이르는 관문 구실을 한다고 생각했다.[7]

그러나 데닛의 주장에 따르면 우리 뇌라는 기계 속에 유령은 없다. 중앙통제본부도 없고, 관찰자도 없다. 대신 그는 다른 방식으로 우리 의식을 설명한다. 뇌에서 수행하는 정보처리는 단일 영역의 중앙집중식이 아니라 다양한 영역의 병렬처리식이다. 또한 정보는 뇌의 각 영역을 거칠 때마다 지속적으로 편집되거나 변환된다. 그러나 우리의 의식은 이러한 정보가 동시다역적으로 편집되고 있는지를 인식할 수 없다. 우리 뇌 속에는 최종 편집된 원고만이 존재하는 게 아니며, 각 처리 단계에 해당하는 편집 원고가 모두 존재한다. 그의 표현대로 "의식의 실제 흐름이라고 공인된 단 하나의 이야기(최종 원고 또는 출판된 원고)만이 존재하는 것은 아니다". 또한 어느 단계의 어떤 원고가 채택되어 최종 의식의 영역에서 출판될지는 사전에 정해진 바가 없다. 이것이 대니얼 데닛의 '다중원고 모형multiple drafts'이다.[8] 이야기는 복수로 입력된다. 그래도 그중 한 가지 원고가 최종적으로 채택된다. 복수의 이야기에서 뽑아낸 최종 이야기, 그것이 바로 우리의 의식이다.[9]

의식을 설명하는 방법으로 다중원고 모형을 채택하면, 우리 기억의 왜곡이나 누락을 쉽게 이해할 수 있다. 우리는 영상 카메라가 아니다. 우리에게 애당초 모든 사실이 포함된 완벽한 한 가지 원고는 없다. 기억을 검열하는 시간과 장소에 따라 우리는 불완전하며 서로 다른 원고를 출판할지 모른다. 어쩌면 왜곡과 누락이 정상일 수도 있다. 또 노래 가사처럼 "내 속에 내가 너무나 많은" 상황도 충분히 예상할 수 있다. 우리는 비교적 일관된 자신의 이야기를 출판한다. 그러나 가끔 전혀 다른 버전의 이야기를 들려주기도 한다. 그때 나는 내가 아니다.

1장 우리는 의지력을 제대로 알고 있을까?

1) 월터 미셸, 『마시멜로 테스트』, 안진환 옮김, 한국경제신문, 2015, 9~10쪽.
2) 로이 F. 바우마이스터, 존 티어니, 『의지력의 재발견』, 이덕임 옮김, 에코
   리브르, 2012, 23~25쪽.
3) 월터 미셸, 『마시멜로 테스트』, 31~32쪽.
4) 대니얼 액스트, 『자기 절제 사회』, 구계원 옮김, 민음사, 2013, 252쪽.
5) 같은 책, 256쪽.
6) 리드 몬터규, 『선택의 과학』, 박중서 옮김, 사이언스북스, 2011, 29~51쪽.

2장 실패는 예정되어 있었다

1) 대니얼 길버트, 『행복에 걸려 비틀거리다』, 서은국, 최인철, 김미정 옮
   김, 김영사, 2006, 51~57쪽.
2) 헤럴드경제 인터넷 기사, '담뱃값 올렸지만, 정부 금연 지원은 미흡, 포

기율 68%', 2015. 12. 9.
3) 헬스조선 인터넷 기사, '10명 중 8명은 다이어트 실패, 왜 이렇게 힘들까?', 2014. 10. 14.
4) 소비자경제 인터넷 기사, '2015년 다이어트 성공률 겨우 12%에 그쳐', 2016. 1. 7.
5) 켈리 맥고니걸, 『왜 나는 항상 결심만 할까?』, 신예경 옮김, 알키, 2012, 234~236쪽.
6) 로이 F. 바우마이스터, 존 티어니, 『의지력의 재발견』, 282~285쪽.

3장 당신 잘못이 아니다

1) 크리스토프 코흐, 『의식』, 이정진 옮김, 알마, 2014, 150~155쪽.
2) 마크 굴스턴, 『뱀의 뇌에게 말을 걸지 마라』, 황혜숙 옮김, 타임비즈, 2010.
3) 칩 히스, 댄 히스, 『스위치』, 안진환 옮김, 웅진지식하우스, 2010.
4) 대니얼 카너먼, 『생각에 관한 생각』, 이진원 옮김, 김영사, 2012, 33~40쪽.
5) 프리트헬름 슈바르츠, 『착각의 과학』, 김희상 옮김, 북스넛, 2011, 270쪽.
6) 월터 미셸, 『마시멜로 테스트』, 94~98쪽.
7) 같은 책, 44~48쪽.
8) 서유헌, '인간의 뇌는 3층', 네이버캐스트.
9) 레너드 플로디노프, 『"새로운" 무의식: 정신분석에서 뇌과학으로』, 김명남 옮김, 까치, 2013, 49쪽.
10) 하지현, '전두엽', 네이버캐스트.
11) 스티븐 핑커, 『빈 서판』, 김한영 옮김, 사이언스북스, 2004, 90쪽.
12) 대니얼 길버트, 『행복에 걸려 비틀거리다』, 37쪽.
13) 레너드 플로디노프, 『"새로운" 무의식: 정신분석에서 뇌과학으로』, 141쪽.
14) 같은 책, 50~51쪽.
15) 세라 제인 블랙모어, 우타 프리트, 『뇌, 1.4킬로그램의 배움터』, 손영숙 옮김, 해나무, 2009, 26~27쪽.
16) 아힘 페터스, 『이기적인 뇌』, 전대호 옮김, 에코리브르, 2013, 20~23쪽.

17) 성영신, 강은주, 김성일 엮음, 『마음을 움직이는 뇌, 뇌를 움직이는 마음』, 해나무, 2004, 125쪽.

18) 아힘 페터스, 『이기적인 뇌』, 34쪽.

19) 레너드 플로디노프, 『"새로운" 무의식: 정신분석에서 뇌과학으로』, 49쪽.

20) 크리스토프 코흐, 『의식』, 150~154쪽.

21) 제러미 딘, 『굿바이 작심삼일』, 서현정 옮김, 위즈덤하우스, 2013, 16~17쪽.

22) 로이 F. 바우마이스터, 존 티어니, 『의지력의 재발견』, 66~67쪽.

23) 켈리 맥고니걸, 『왜 나는 항상 결심만 할까?』, 109~110쪽.

24) 로이 F. 바우마이스터, 존 티어니, 『의지력의 재발견』, 10, 42쪽.

25) 같은 책, 62~64쪽.

26) 노리나 허츠, 『누가 내 생각을 움직이는가』, 이은경 옮김, 비즈니스북스, 2014, 256쪽.

27) 제러미 딘, 『굿바이 작심삼일』, 170~172쪽.

28) 켈리 맥고니걸, 『왜 나는 항상 결심만 할까?』, 334~335쪽.

29) 프리트헬름 슈바르츠, 『착각의 과학』, 112쪽의 '결정'이란 단어를 '욕구'로 대체했다.

30) 이소무라 다케시, 『이중세뇌』, 이인애 옮김, 더숲, 2010, 139~140쪽.

4장 0.15초의 희망

1) 대니얼 데닛, 『자유는 진화한다』, 이한음 옮김, 동녘사이언스, 2009, 317~322쪽.

2) 같은 책, 319~320쪽.

3) 이케가야 유지, 『단순한 뇌, 복잡한 나』, 이규원 옮김, 은행나무, 2012, 305~307쪽.

5장 하이드를 관찰하다

1) 이케가야 유지, 『단순한 뇌, 복잡한 나』, 191~198쪽.

2) 미치오 가쿠, 『마음의 미래』, 박병철 옮김, 김영사, 2015, 419~420쪽.

3) V. S. 라마찬드란, 『명령하는 뇌, 착각하는 뇌』, 박방주 옮김, 알키, 2012, 410~411, 428쪽.

4) 찰스 두히그, 『습관의 힘』, 강주헌 옮김, 갤리온, 2012, 117쪽.

5) 크리스토퍼 차브리스, 대니얼 사이먼스, 『보이지 않는 고릴라』, 김명철 옮김, 김영사, 2011.

6) 찰스 두히그, 『습관의 힘』, 204~208쪽.

7) 켈리 맥고니걸, 『왜 나는 항상 결심만 할까?』, 68쪽.

8) 대니얼 데닛, 『자유는 진화한다』, 434쪽.

9) 타라 베넷 골먼, 『내 감정의 함정』, 이재석 옮김, 북스넛, 2013, 129~130쪽.

10) 대니얼 카너먼, 『생각에 관한 생각』, 510쪽.

11) 장현갑, 『스트레스는 나의 힘』, 불광출판사, 2010, 59쪽.

12) 로이 F. 바우마이스터, 존 티어니, 『의지력의 재발견』, 298쪽.

13) 같은 책, 297쪽.

14) 장현갑, 『스트레스는 나의 힘』, 121쪽.

15) 같은 책, 180~182쪽.

16) 로이 F. 바우마이스터, 존 티어니, 『의지력의 재발견』, 229~235쪽.

17) 이케가야 유지, 『뇌는 왜 내 편이 아닌가』, 최려진 옮김, 위즈덤하우스, 2013, 266~267쪽.

6장 미래를 시뮬레이션하다

1) 이케가야 유지, 『단순한 뇌, 복잡한 나』, 320~322쪽.

2) 같은 책, 322~323쪽.

3) 리드 몬터규, 『선택의 과학』, 112~113쪽.

4) 리처드 도킨스, 『이기적 유전자』, 홍영남, 이상임 옮김, 을유문화사, 2010, 122~124쪽.

5) 이케가야 유지, 『단순한 뇌, 복잡한 나』, 408~410쪽.

6) 미치오 가쿠, 『마음의 미래』, 80~81쪽.

7) 월터 미셸, 『마시멜로 테스트』, 38~41쪽.
8) 로이 F. 바우마이스터, 존 티어니, 『의지력의 재발견』, 294쪽.
9) 월터 미셸, 『마시멜로 테스트』, 83~87쪽.
10) 대니얼 액스트, 『자기 절제 사회』, 251~252쪽.
11) 월터 미셸, 『마시멜로 테스트』, 149~150쪽.

7장 의지력의 본질과 SOS 연습 모형

1) 승현준, 『커넥톰, 뇌의 지도』, 신상규 옮김, 김영사, 2014, 22쪽.
2) 헬스조선 인터넷 기사, '10명 중 8명은 다이어트 실패, 왜 이렇게 힘들까?', 2014. 10. 14.
3) 노먼 도이지, 『기적을 부르는 뇌』, 김미선 옮김, 지호, 2008.
4) 이소무라 다케시, 『이중세뇌』, 28쪽.

8장 그래도 쉽지 않다

1) 로이 F. 바우마이스터, 존 티어니, 『의지력의 재발견』, 91~93쪽.

나오며: 다시 의지력을 생각하다

1) 에드워드 윌슨, 『지구의 정복자』, 이한음 옮김, 사이언스북스, 2013, 5~10쪽.

더 알아보기 1: 뇌의 진화 및 의지력을 담당하는 뇌 영역

1) 서유헌, '인간의 뇌는 3층', 네이버캐스트.
2) 레너드 플로디노프, 『"새로운" 무의식: 정신분석에서 뇌과학으로』, 142쪽.
3) 대니얼 액스트, 『자기 절제 사회』, 218쪽.
4) 마이클 셔머, 『진화경제학』, 박종성 옮김, 한국경제신문, 2009, 203~204쪽.
5) 월터 미셸, 『마시멜로 테스트』, 96~98쪽.
6) 같은 책, 34~35쪽.

더 알아보기 2: 리벳의 실험에 근거한 자유의지 부정에 대한 반론

1) 신경인문학 연구회, 『뇌과학, 경계를 넘다』, 박주용, 12장 「자유의지에 대한 리벳의 연구와 후속 연구들」, 바다출판사, 2012, 240~244쪽.

2) 같은 글, 244~247쪽.

3) 같은 글, 247~249쪽.

4) 신경인문학 연구회, 『뇌과학, 경계를 넘다』, 최훈, 13장 「신경과학은 자유의지에 위협이 되는가?」, 265~268쪽.

5) 같은 글, 268~273쪽.

6) 대니얼 데닛, 『자유는 진화한다』, 322~338쪽.

7) 대니얼 데닛, 『의식의 수수께끼를 풀다』, 유자화 옮김, 옥당, 2013, 144~153쪽.

8) 같은 책, 155~186쪽.

9) 아마르 알찰라비, 마틴 R. 터너, R. 셰인 델라먼트, 『뇌를 이해하기 위한 가장 쉬운 책』, 김상훈 옮김, 사람의무늬, 2012, 145쪽.

의지력 관련 도서

- 대니얼 액스트, 『자기 절제 사회』, 구계원 옮김, 민음사, 2013
- 로이 F. 바우마이스터, 존 티어니, 『의지력의 재발견』, 이덕임 옮김, 에코리
  브르, 2012
- 월터 미셸, 『마시멜로 테스트』, 안진환 옮김, 한국경제신문, 2015
- 장현갑, 『스트레스는 나의 힘』, 불광출판사, 2010
- 찰스 두히그, 『습관의 힘』, 강주헌 옮김, 갤리온, 2012
- 켈리 맥고니걸, 『왜 나는 항상 결심만 할까?』, 신예경 옮김, 알키, 2012

심리학 및 뇌과학 관련 도서

- 노먼 도이지, 『기적을 부르는 뇌』, 김미선 옮김, 지호, 2008
- 대니얼 길버트, 『행복에 걸려 비틀거리다』, 서은국, 최인철, 김미정 옮김,
  김영사, 2006

- 대니얼 카너먼, 『생각에 관한 생각』, 이진원 옮김, 김영사, 2012
- 레너드 플로디노프, 『"새로운" 무의식: 정신분석에서 뇌과학으로』, 김명남 옮김, 까치, 2013
- 리드 몬터규, 『선택의 과학』, 박중서 옮김, 사이언스북스, 2011
- 미치오 가쿠, 『마음의 미래』, 박병철 옮김, 김영사, 2015
- 스티븐 핑커, 『빈 서판』, 김한영 옮김, 사이언스북스, 2004
- 승현준, 『커넥톰, 뇌의 지도』, 신상규 옮김, 김영사, 2014
- 아힘 페터스, 『이기적인 뇌』, 전대호 옮김, 에코리브르, 2013
- 이케가야 유지, 『단순한 뇌, 복잡한 나』, 이규원 옮김, 은행나무, 2012
  『착각하는 뇌』, 김성기 옮김, 리더스북, 2008
  『뇌는 왜 내 편이 아닌가』, 최려진 옮김, 위즈덤하우스, 2013
- 크리스토프 코흐, 『의식』, 이정진 옮김, 알마, 2014
- V. S. 라마찬드란, 『명령하는 뇌, 착각하는 뇌』, 박방주 옮김, 알키, 2012

진화론 및 과학철학 관련 도서
- 대니얼 데닛, 『자유는 진화한다』, 이한음 옮김, 동녘사이언스, 2009
  『의식의 수수께끼를 풀다』, 유자화 옮김, 옥당, 2013
- 리처드 도킨스, 『이기적 유전자』, 홍영남, 이상임 옮김, 을유문화사, 2010
- 에드워드 윌슨, 『지구의 정복자』, 이한음 옮김, 사이언스북스, 2013

감사의 글

책을 쓰기 전에는 잘 몰랐지만, 한 권의 책이 세상에 나오기까지는 많은 사람들의 숨은 노고가 필요하다. 이 사실을 알고 나니 서점에 놓여 있는 책 한 권, 한 권이 참으로 소중해 보인다. 이 책도 출판되기까지 많은 이들의 도움이 있었다.

우선 길러주신 부모님 은혜에 진심으로 감사드린다. 그리고 '과연 내가 쓴 책이 다른 사람들에게 도움이 될 수 있을까?' 하는 자기 검열의 두려움을 극복하도록 용기를 북돋워준 많은 지인들에게 감사드린다.

처음으로 책을 출간하는 저자에게 하나부터 열까지 도움을 준 편집자와 디자이너에게도 감사의 말을 전한다. 더불어 바쁜 와중에도 흔쾌히 추천사를 써준 친구들에게도 고마움을 표하고 싶다.

마지막으로 나와 의지력이란 주제에 대해 가장 많은 이야기를 나누었고, 이 원고를 맨 처음 읽어본 독자로서 원고의 성격과 전개 방향에 대해 통찰력 있는 조언을 해준 아내와 아들에게 애정을 담아 진심으로 감사를 전한다.

지은이 **이중석**

1967년 대구에서 태어났다. 서울대학교 경영학과 및 동 대학원을 졸업했다. 공인회계사로
삼일회계법인에서 사회생활을 시작했으며, 벤처캐피털 및 벤처기업 CEO 등을 역임했다. 현
재는 가톨릭대학교 경영대학원에서 박사과정을 이수 중이다. 첫 책 『의지력 SOS』는 지은이
가 10여 년간 탐구해온 '의지력의 본질'에 관한 해답이다. 개인적인 경험과 뇌과학, 심리학
등의 다양한 연구 결과에서 얻은 통찰을 바탕으로 근본적으로 의지력을 향상시키는 방법인
SOS Simulation–Observation–Selection 모형을 도출했다. 자신의 경험대로 이를 통해 많은 독자
들이 삶에서 크고 작은 긍정적 변화를 이끌어내기를 바라고 있다.

의지력 SOS

ⓒ 이중석 2017

초판 1쇄 발행　2017년 1월 10일
초판 2쇄 발행　2017년 2월 22일

지은이 이중석
펴낸이 이중석
편집 양재화
디자인 엄혜리
제작처 IMP

펴낸곳 (주)순수와탐구
출판등록 2016년 10월 5일 제2016-000287호
주소 06178 서울시 강남구 테헤란로 504, 4층(대치동, 해성1빌딩)
전화 02)3450-1652　팩스 02)3450-1510
전자우편 jsleepine@gmail.com
페이스북 www.facebook.com/sunsuwatamgu

ISBN 979-11-959899-0-4 03180